校园足球训练指南

《校园足球训练指南》编写组　编

南京出版传媒集团
南京出版社

图书在版编目（CIP）数据

校园足球训练指南 /《校园足球训练指南》编写组编. -- 南京 ：南京出版社，2025. 7. -- ISBN 978-7-5533-5237-4

Ⅰ. G843. 2-62

中国国家版本馆 CIP 数据核字第 2025RX1574 号

书　　名　校园足球训练指南
编　　者　《校园足球训练指南》编写组
主　　编　邬敬忠
编　　委　张启庆　章炜彬　贺　莹
插　　图　张　杰
出版发行　南京出版传媒集团
　　　　　南 京 出 版 社
社　　址　南京市玄武区太平门街 53 号
邮　　编　210016
联系电话　025－83283873、83283864（营销）　025－83112257（编务）

策划统筹　孙菡萏
责任编辑　孙菡萏
装帧设计　赵海玥
责任印制　杨福彬

排　　版　南京布克文化发展有限公司
印　　刷　南京玉河印刷厂
开　　本　718 毫米×1000 毫米　1/16
印　　张　15
字　　数　180 千字
版　　次　2025 年 7 月第 1 版
印　　次　2025 年 7 月第 1 次印刷
书　　号　ISBN 978-7-5533-5237-4
定　　价　50.00 元

序　一

蔡成华

中国足球，大概是人人都要说两句、都会支两招的话题，但是这一点几乎是所有人的共识：足球要从娃娃抓起，要从校园抓起。作为一名老足球人，我深感荣幸，能够为大家推介这本关于足球基础建设的《校园足球训练指南》。

本书主编邬敬忠先生，是我的良师益友，也是我在足球路上风雨同行的伙伴和知己。曾任南京市足球协会秘书长的他，凭借数十年的经验，以及对足球运动的热爱，为我们呈现了这本关于校园足球训练的宝贵指南。

南京的资深球迷大概都会记得这个高光时刻：1984 年 11 月，在全国第二届“梅园杯”足球赛中，当时名不见经传的南京队，分别战胜上海队、安徽队、中国青年队、浙江队和山东队，以五战五胜的成绩夺得冠军。创造这个神话的，就是当时的南京队主帅邬敬忠先生。20 世纪 80 年代国足几次关键比赛都以微弱差距惜败，邬敬忠先生综合分析研判，写出受到足球界广泛关注的评论文章《中国足球落后的主要症结何在？——兼谈足球意识》，至今读来，仍然很有启发意义。

众所周知，校园足球是竞技足球的基础。正是通过在校园内培养足球兴趣，打好基础，发掘潜力，我们才能够培养更多优秀的足球人才，提高中国足球的整体水平。回首国足无缘参赛的卡塔尔世界杯以及最近举办的女足世界杯，我们可以看到，足球强国的崛起，无论男女，无不是以青训和校园足球的发展为前提的。《校园足球训练指南》正是基于此，将邬敬忠先生几十年来关于青少年足球技战术训练的实践体会与国际足球发展潮流相结合，融会足球的"道"与"术"，"技"与"艺"。无论是专业教练，还是足球爱好者，都会有所收获。而邬敬忠先生又从来不只是一个足球人，他从20世纪70年代起，就长期在学校从事教学和管理工作，对于校园的熟悉不亚于足球。在他看来，校园足球，作为足球的基石，对于培养青少年的身心健康、塑造积极向上的人生态度具有重要意义。踢好球的同时，更是先要学会做人。校园足球要为年轻人打下坚实的体能基础，培养团队协作精神，发展积极的竞争意识。众所周知，邬敬忠先生有着深厚的理论功底，而在长期的管理和带队工作中，又积累了扎实的实践素材，所以他这本《校园足球训练指南》不仅是关于足球技术、战术的指导，更融合了足球教育的理念，将足球训练融入更大的人生背景中，以丰富的实践经验和深刻的洞察力，为我们呈现了如何通过足球运动培养学生们的自信心、坚韧意志和团队协作能力。这些品质不仅在足球场上得以体现，更将伴随他们终身受益。

希望《校园足球训练指南》成为诸多青少年足球爱好者自我激励的指南，引领他们在足球之路上迈出坚实的步伐，创造更加辉煌的明天！

（作者系南京体育学院原副院长，现任江苏省足球协会秘书长）

序 二

王东敏

受人之托，为《校园足球训练指南》一书作序，虽觉沉重，但也欣然领命。

足球运动对于孩子成长是一项很好的体育运动。南京市竹山小学开展足球运动多年，尤其是近几年为贯彻国务院 2017 年颁布的《中国足球改革发展总体方案》中关于“发挥足球育人功能，深化学校体育改革，培养全面发展人才”的精神，采取各项措施，促进校园足球活动深入发展，把学校建成全国校园足球特色学校。

近期，竹山小学对近几年开展校园足球活动的情况进行了认真总结，并由学校的两位老师和两位外聘教练成立编写团队，专门撰写出这本《校园足球训练指南》。本书采用创新理念，对小学生足球训练和比赛进行深入细致的探索和研究。本书是编写团队集体智慧的结晶，全书立足“带兵”“练兵”“实践”，从足球技术、足球比赛战术到比赛指挥、身心训练等方面，做了系统阐述和创新尝试；还对如何选材及如何制订训练计划进行了细致剖析；最后，还对中国足球如何改革和发展提出了独特见解。

全书言辞朴素，关爱之心恳切，折射的是竹山小学“孩子们的成长史、老师们的成长史、学校足球的发展史”。

纵有万语千言，唯愿书得圆满，助力绿茵梦想。无论你是个人精进，还是打造足球特色校，翻阅此书都能找到答案。

（作者系南京市竹山小学原校长，现任南京市科学园小学校长）

前　言

近几年，为贯彻国务院《中国足球改革发展总体方案》文件精神，一大批年轻教练员上岗执教，全国校园足球活动开展得如火如荼。经过几年的实践，我们发现缺乏专业教材和校园教练是制约“校园足球”活动开展的关键。为此，本书编写组邀请资深足球教练郐敬忠先生，以南京市竹山小学开展的校园足球活动实践为蓝本，编写一本青少年足球训练读物，来指导和规范校园足球活动。

作为足球战线上的老兵，郐敬忠先生有着几十年的青少年足球训练教学经验。耄耋之年的郐敬忠先生，以自己多年的执教经验，尤其是在南京市竹山小学指导校园足球训练的经历为基础，翻阅数十本足球训练的相关图书，参考数十位国内外专家学者的意见，呕心沥血，编写了这部《校园足球训练指南》。

希望本书的出版能够起到抛砖引玉的作用，将来有更多专家学者编写出更多更好的足球类图书。

尽管本书作者有着对校园足球运动的赤诚之心，但囿于学识所限，书中恐有疏漏讹误之处，恳请各位专家、同仁和广大读者斧正！

本书编写组

目录

图 例

○	进攻队员
×	防守队员
△	教练员
GK	守门员
——→	传球路线
········→	队员移动路线
～～～→	带球路线
↙	足内侧接球
↘	足外侧接球

第一章　绪言

一、 足球运动的由来

足球运动分为古代足球和现代足球，中国是古代足球的发源地。

古代的足球叫作“蹴鞠”。“蹴”就是用脚踢的意思，“鞠”就是足球的名称。最早的足球运动——蹴鞠起源于战国时期，并在汉代发展成熟。蹴鞠最初是一种军队训练方式，后来逐渐成为贵族和民间流行的娱乐活动。汉代的蹴鞠比赛已有专门的球场和规则，球由皮革制成，内填动物毛。到了唐宋时期，蹴鞠进一步发展，宋代还出现了类似现代足球俱乐部的“齐云社”。明清时期，蹴鞠虽仍流行，但影响力逐渐衰退。

当今世界普遍承认古代足球起源于中国。

二、 现代足球的起源

据史料记载，英国是最早发展现代足球运动的国家。

1848 年，英国剑桥大学三一学院制定了世界上第一个较为系统化的足球规则——《剑桥规则》。

1857 年，英国成立了世界上第一个足球俱乐部——谢菲尔德足球俱乐部。

1863 年，英国伦敦诞生了世界上第一个足球协会——英格兰足球协会。

1900 年，奥林匹克运动会把足球列为正式比赛项目。

1928 年，国际足联在荷兰阿姆斯特丹开会决定每四年举办一届世界足球锦标赛，即现在的世界杯。

1930 年，在乌拉圭首都——蒙得维的亚举办了第一届足球世界杯，乌拉圭队获得冠军。

三、 中国足球运动开展情况

（一） 晚清民国时期

1840 年鸦片战争后，随着中国的门户开放，现代足球运动开始传入中国，最早在香港活跃起来，之后沿海城市如广州、上海、北京等地也有了足球活动。

1908 年，香港成立了第一个足球运动组织——南华足球会。香港南华足球会曾培养出亚洲足球明星李惠堂。

20 世纪 30 年代，上海成立了东华足球会。

1949 年以前，民国时期曾举办过七次全国运动会，每届都有足球比赛。1913 年至 1934 年，中国足球队先后参加过十届远东运动会，曾获得过九次冠军；民国时期，中国足球队曾两次参加奥运会（1936 年和 1948 年），均在初赛阶段被淘汰。

（二） 中华人民共和国成立以后

中华人民共和国成立后，国家十分重视足球运动的发展。1951 年，在天津举办了第一届全国足球比赛。之后，派出中国人民解放军足球队出访东欧国家捷克斯洛伐克和波兰。首场对阵捷克斯洛伐克的比赛即以1∶17的悬殊比分败北。究其原因：一是运动员大多数只在国内踢过球，未进行过系统、正规的训练；二是运动员身体素质和技术与战术水平较低。对手得球后，无论是带球突破还是传球配合，均势如破竹，最终导致惨败。所谓打进的一球，外界普遍认为该进球系对方出于礼节未严加防守而让中国队踢进的。

1954年，国家体委选拔一批年轻球员赴匈牙利学习。经过一年学习，运动员水平有了显著提高。这批年轻队员回国后，大多成为国家队主力，如张宏根、年维泗等，后来成为中国足球的中坚力量。

1955年初，中国足球协会成立。

1956年，建立了全国足球竞赛制度和运动员、裁判员等级制度，开始实行足球甲、乙级联赛。次年，又实行甲、乙级联赛升降级制度。

1959年第一届全运会，足球被列为比赛项目。

1960年前后，由于1954年赴匈牙利“留学”的中国青年队员已进入黄金时期，以他们为主力的中国队技术水平日臻成熟，推动中国足球水平达到一般国际水平。

1964年2月，国家体委、全国总工会、共青团中央、教育部联合召开全国足球训练工作会议。会后，国家体委发布了由国务院批复的《关于大力开展足球运动，迅速提高技术水平的决定》，并确定北京、上海、天津、广州、沈阳、南京、武汉、大连、延边、梅县等10个城市和地区为足球重点发展区域。同年6月，共青团中央、教育部、国家体委联合发布《关于在青少年中开展足球活动的通知》，各地中小学足球活动逐步得到广泛开展。同年7月，在青岛举办了“二十城市中学生足球比赛”，参赛队均为各市中学基层冠军队。次年夏天，第二届比赛在大连举行。

1966年，由于“文化大革命”的开始，全国足球运动陷入停滞状态。“文革”结束后，足球运动逐步恢复发展。

1977年秋，在北京举办了北京国际青年足球邀请赛，参赛队员年龄均在20岁以下。由年维泗执教的中国青年队夺得冠军。决赛当晚，刚刚重新复出领导工作的邓小平同志登上主席台观看比赛，并在赛后接见全体成员，发表了重要指示：“足球要从娃娃抓起。”

1979年6月，国务院批准国家体委《关于提高我国足球技术水平若干措施的请示》，文件中重新提出加强足球重点地区工作的要求，并确定北京、上海、天津、沈阳、广州、武汉、重庆、南京、西安、大连、青岛、长春、石家庄、昆明、延边、梅县等16个重点足球城市和地区。

1980年1月，国家体委、共青团中央、教育部共同发布《关于在全国中小学生中积极开展足球运动的联合通知》，提出将足球活动纳入学校体育教学计划及共青团、少先队体育活动的重要内容，进一步推动了全国中小学足球运动的发展。

自1980年起，国家体委重点加强青少年足球竞赛制度的建立和完善，确定每年举办“萌芽杯”“幼苗杯”“希望杯”三项赛事，参赛队员年龄分别限定为12岁以下、14岁以下和16岁以下。此外，还创办了全国业余体校少年比赛等多项赛事，有力推动了全国青少年足球运动的普及与提高。

1979年，中国足协回归国际足联，中国足球运动由此步入快速发展时期。在此期间，中国足球加强了与国际接轨，国家队、青年队、少年队先后参加了世界杯预选赛、亚洲杯、亚运会、奥运会预选赛、世青赛、世少赛等重大国际赛事。我国足球水平也在此阶段取得较大进步。20世纪80年代初，以容志行、古广明为代表的中国队参加世界杯预选赛，仅差一步未能进入意大利世界杯决赛圈。当时，容志行等国脚的娴熟技巧已达到国际先进水平。

1992年6月，国家体委在北京红山口召开全国足球工作会议。中国足协向大会提交了一系列改革方案，提出要坚定不移地走职业化道路，尽快推行俱乐部体制，使我国足球融入世界足球发展潮流。“红山口会议”被誉为中国足球史上的新里程碑。

1993年，来自甲A的8个新成立的足球俱乐部在广东试行俱乐部杯赛。次年，中国足球职业联赛正式启动，共有26个俱乐部参加，实行主客场、每周一赛的赛制。

2004年，中国足球职业联赛更名为“中国足球协会超级联赛”和“中国足球协会甲级联赛”。

时至今日，中国足球职业化道路已走过二十余年，中国足球发展态势依然低迷。其主要原因在于各级足球教练员水平不高，以及青训体系长期被忽视。面对中国作为人口大国、足球发展却陷入低谷的现实状况，2015年国务院颁布了《中国足球改革发展总体方案》。

2015年以来，为深入贯彻《中国足球改革发展总体方案》，全国各地校园足球蓬勃开展。目前，全国各地的校园足球特色学校已达上万所。全国青少年校园足球工作自开展以来，无论在规模还是在人力、财力、物力的投入上，均创下中国足球发展史上的新纪录。其广泛开展不仅受到广大青少年的热烈欢迎与积极参与，也获得国际足联的高度评价。中国足球由此迎来了快速发展的春天。

第二章　足球技术

在对方严密防控的情况下，运动员想要随心所欲地控制球、处理球，必须熟练掌握足球技术，方能赢得比赛。

我们认为，熟练掌握足球技术的前提是充分认识足球运动的特点。第一，用脚踢球是一件很难的事。足球运动是一项用脚来“玩弄”足球的体育项目。相对于手而言，脚是人体不太灵活的肢体。要想踢好足球，必须付出比其他项目多出数倍的努力。第二，足球运动身体对抗性很强。足球是一项身体对抗性的竞技运动项目，对运动员身体素质要求很高，不仅要有强壮的体魄，还要有刚柔的韧劲，有的位置还有身高的要求。第三，团体配合要求很高。足球是一项团体对抗项目。在竞赛中，运动员既是个体又是团体的重要组成部分，不仅需要有扎实的个人技术（基本功），还要有良好的配合意识。第四，战术素养要求更高。既然是集体作战的团体项目，思想、作风、技术、战术和集体执行力等要求一样都不能少，这就对运动员的整体素质提出了很高的要求。足球运动的四大特点，决定了足球运动的客观规律：个人技术是基础，身心素质是保障，团队技术与战术是综合体现，个人技术寓于团队技术与战术之中并得以高效发挥则是克敌制胜的法宝。为此，本书将个体和团体融为一体，将足球技术分为足球基本技术和足球实用技术两大部分，分别予以阐述。

第一部分　足球基本技术

第一节　观察

一、　观察的重要性

足球比赛中突破对方防线后攻门的两种方式，即带球突破和传球配合突破，都需要首先做好“观察”。何时会出现进攻机会？这种机会往往转瞬即逝。如果运动员在场上未能及时“观察”到这一瞬间的机会，就会错失良机。因此，运动员要善于捕捉转瞬即逝的战机，这要求他们养成随时抬头观察的习惯并具备广阔的视野。

曾效力于广州恒大和上海上港的巴西外援孔卡就是这方面的典范。他在中场往往能出其不意地送出致命的直塞球。同样曾效力于上海上港的胡尔克也是此中高手。在 2018 年 11 月 3 日中超联赛广州恒大对阵上海上港的比赛中，第 49 分钟，胡尔克在中场接右后卫传球后，用身体护住球并抬头观察，发现武磊突然摆脱防守前插空当，立即送出一记精准直塞，武磊接球后形成单刀并推射破门。胡尔克凭借出色的观察意识和宽广的视野，成功捕捉到这一战机，使这次进攻成为中超联赛的经典战例。

目前中国足球最缺乏的正是这类具备出色观察能力的球员。郑智作为中国足坛的佼佼者，也具备较强的观察意识。然而，当前从事校园足球的教练员大多忽视了从小培养“观察”能力这一训练细节，因此本书特别强调训练要抓“观察”这一细节。

二、 学会“看”，提高观察能力

只要有眼睛就能“看”，怎么还要学？对于足球初学者而言，“看”是一项必须掌握的基础技能。那么，足球运动中的“看”究竟有何特殊之处？怎么看？我们可以告诉刚学足球的儿童，要学习孙悟空的“看”——双眼不停地眨动，同时灵活转动头部，真正做到眼观六路；切忌学猪八戒的“看”——呆板凝视，不知环顾四周。

足球运动员的“看”即观察，可分为频繁甩头或转头看和用余光看。儿童刚学技术动作时，往往习惯低头看球，这种不良习惯将严重制约其技术水平的提高。因此，在儿童刚开始学习足球基本技术时，就要特别重视教他们学会“看”，提高他们的观察能力。

观察是足球运动的核心要素之一，任何技术动作或战术配合都离不开有效的观察。足球观察力主要体现在观察广度（视野开阔程度）上，对观察深度要求相对较低。具体而言，足球观察可分为四种方式：抬头观察、甩头观察、转头观察（回头观察）以及余光观察。前三种方式较易理解，余光观察则是指在不抬头的情况下，通过眼球的转动来扩大观察范围。曾效力于广州恒大和上海上港的巴西外援孔卡就是视野开阔的典范，所以他在比赛中往往能有妙传。

三、 观察的要点

在足球运动员训练初期，教练员应重点培养以下七种观察方式：

①瞥视：无球状态或准备接球时，快速扫视周围环境。

②瞄视：无球跑动时持续关注场上情况，随时跑位接应有球队员。

③盯视：集中注意力观察周围情况，随时跑动接应队友。

④睐视：接球前必须全面观察对手和队友的位置分布，为下一步动作做好准备。

⑤乜视：带球过程中通过眯眼斜视判断场上形势，为后续跑位接应做好准备。

⑥睥视/瞭视：突前中锋或其他队员发现后场队友截获球权后，及时调整跑位准备接应，或等待长传转移机会时，需这样看视。

⑦梢视：利用眼角余光（眼梢）观察，适用于带球控球时因需要专注控球而只能用余光快速观察场上情况。

四、 观察的训练方法

（一） 无球观察练习

队员排成一列横队，间距少许，先低头看自己的球鞋，按照教练员口令做以下动作：

①教练员喊“1”时，队员抬头看教练员。

②教练员喊“2”时，队员向左转头、转体90度，用余光可看到身后。

③教练员喊“3”时，队员回到原位。

④教练员喊“4”时，队员向右转头、转体90度，用余光可看到身后。

⑤教练员喊“5”时，队员回到原位。

⑥教练员喊“6”时，队员向左转头90度（身体保持不动）。

⑦教练员喊“7”时，队员回原位。

⑧教练员喊“8”时，队员头部保持正直，眼球向左用余光观察。

⑨教练员喊“9”时，队员头部保持正直，眼球向右用余光观察。

（二）有球观察练习

1. 转头观察练习

队员两人一组相对站立，距离 8—10 米。甲用足弓传地滚球给乙。乙迎上用右足弓接球，接球前先向左（或右）转体、转头 90 度，再向另一侧转体、转头 90 度，并用余光看一下身后；接球后立即抬头观察前方，然后用左足内侧扣球向右再抬头看，最后用右足弓传球给甲。甲重复乙的动作。

2. 甩头观察练习 1

两人一组，间距 7—8 米，跑动中练习。甲用足弓传地滚球给乙。乙先甩头右看后接球向前，再抬头前看并用余光看一下左前方后用足弓传地滚球给甲。甲重复乙的动作。

3. 甩头观察练习 2

甲在场地左侧带球后直接传给斜插边路的乙。乙接球前先向右侧后方甩头观察对手的动态，然后再接球做下一动作。

4. 余光观察练习 1

如图 2-1-1 所示，两人一组，相距 6 米。甲用足弓传地滚球给乙，乙迎上用足弓接球，接球后用余光看前方。此时甲可向两侧移动，然后乙再用脚内、外侧扣球或拨球向甲移动的方向，同时用余光看一下甲的位置后，立即用足弓传球给甲。甲重复乙的动作。

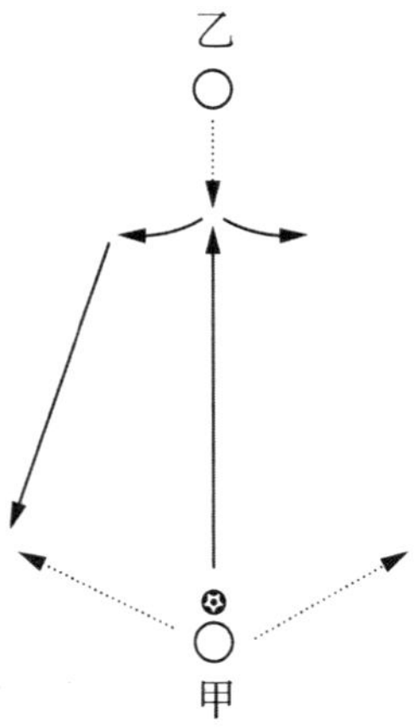

图 2-1-1

5. 余光观察练习 2

如图 2-1-2 所示，5 号传球到对方禁区，11 号内切去接球，×2 号紧逼防守 11 号。11 号内切到对方禁区时，要先甩头或用余光观察×2 号的动向，同时也要观察守门员的动向。若守门员弃门出击，11 号可抢点挑射空门。

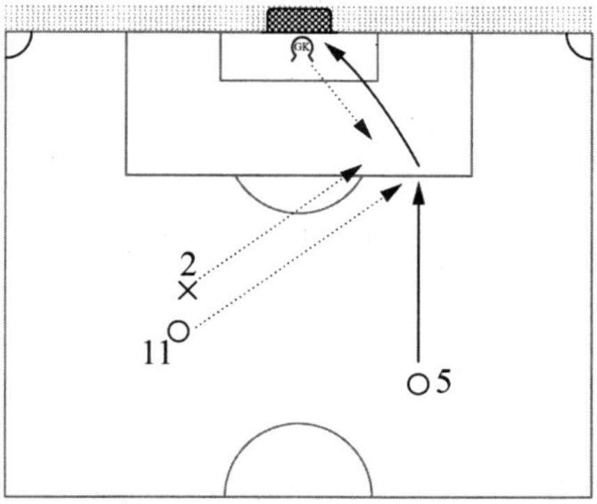

图 2-1-2

6. 余光观察练习 3

甲传球给乙，对方防守队员贴身紧逼乙。乙接球前先回头观察一下对方防守队员的动态，然后接球转身，准备做下一动作。

7. 余光观察练习 4

如图 2-1-3 所示，8 号带球向前至×3 号前约 1 米处。8 号带球时需用余光看防守者×3 号，同时用余光看左侧前来接应的 11 号，与其“二打一”突破×3 号。

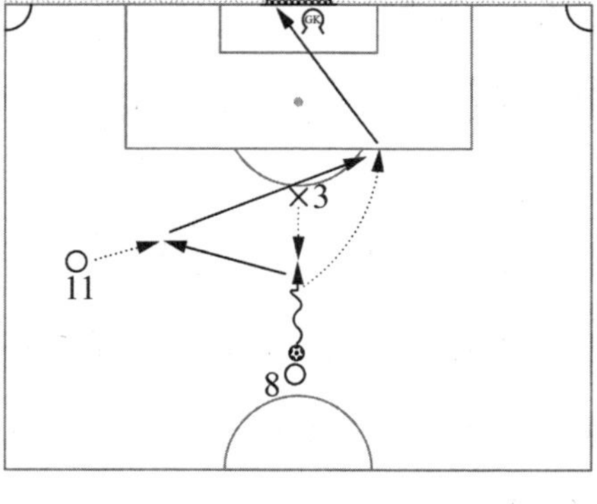

图 2-1-3

8. 回头观察练习

图 2-1-4

如图 2-1-4 所示，5 号传地滚球给 10 号，10 号迎上接球前先回头观察身后防守者。5 号传地滚球给 10 号时，10 号迎上接球前先回头观察×3 号的动态，然后迎上并半转身，同时用足弓接触球并向回拖球，使自己面对×3 号，此时支撑脚前掌在地上转向 180 度，而后脚掌离地。

第二节 球感（足感）

一、 球感的定义

球感（足感）是指运动员通过脚部对球的感觉，也是运动员的脚对球的灵敏度，是运动员的专门化知觉，是运动员在训练过程中形成的对球的形状、轻重、弹性、硬度、击球的力量、空间运动的速度和高度及方向变化等方面的知觉，是运动员在训练过程中，对进入视觉分析器、运动分析器和触觉分析器的各种刺激物进行精细分化，并在大脑皮层中形成复杂、稳固的神经联系的结果。

二、 球感的重要性

球感是足球基本技术的基础。足球运动主要是用脚来控制球和处理球，也就是通过个人带球突破或通过与同伴传球配合突破，最后达到射门成功而获得胜利。因此对于提高球感必须予以极大的重视。

三、 球感的训练方法

球感训练需要大量重复练习。针对小学阶段初学足球的儿童，建议在每节 1.5 小时的训练课中，确保每人完成 1 500—2 000 次触球。触球动作的速度控制能力是球感的体现之一。

1. 两脚内侧快速触球练习

每人持一球置于两足之间，教练员发出“开始”口令后，运动员用双脚内侧快速交替触球并计数，刚开始数 1—10，几次练习后可改为数 1—20，熟练后可增加到数 1—50 甚至数 1—100。

队员完成指定次数后立即举手示意。教练员对最先完成者给予表扬。

2. V 字拖拉转体推球练习

每人一球，运动员用右脚底把球拖到自己膝下，然后向右转体 90 度后再用右脚弓将球推出；换脚用左脚底把球拖回到自己膝下并转体 90 度，再用左脚弓将球推出。到此算完成 1 次练习。

队员计数，完成 10 次时举手示意，教练员对最先完成者给予表扬。

3. 旗形拖拉推球练习

如图 2-2-1 所示，每人一球，用右脚底从右向左斜向拖球，然后

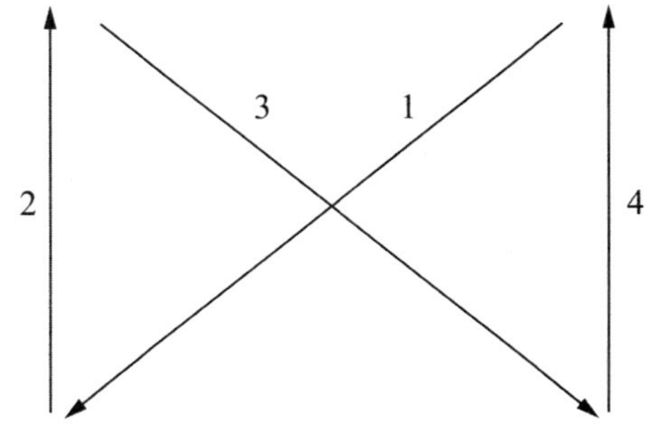

图 2-2-1

换左脚弓向前推球，再用左脚底从左向右斜向拖球，换右脚弓向前推球，左右脚完整动作循环计为 1 次练习，计数方式可参照练习 1、2。

队员完成指定次数后立即举手示意。教练员对最先完成者给予表扬。

4. 足底换拉球练习

右（或左）脚底前部踩住球，练习开始后跳跃中交换脚底踩球，同时向后拉球，连续练习。可规定 10—15 米的训练距离。

教练员对首先到达终点者给予表扬。

5. 足底换推球练习

动作要领与练习 4 相同，只是方向相反，将向后拉球改为向前推球。

教练员对首先到达终点者给予表扬。

6. 扣、拨、推、拉换足练习

每人一球，开始时用右脚内侧扣球，接着改为右脚外侧拨球，再改为右脚内侧向前推球，最后用右脚跟将球推至左侧。最后换左脚重复全套动作，完整循环计为 1 次练习。

练习时可要求队员计数，教练员对首先完成 10 次或 20 次者给予表扬。

7. 足背颠球练习

每人一球进行颠球，记录颠球次数。

教练员对颠球最多者给予表扬。

8. 十二部位颠球练习

用头部、胸部、双肩、双大腿、双足背、双足内侧、双足外侧进行颠球练习。

教练员需进行技术评定，及时纠正错误动作。

第三节　带球

一、 带球的定义

带球是指运动员运用规则允许的身体部位（主要是足部）控制球移动一定距离的技术动作，其目的是为传球配合或射门创造有利条件。带球又称运球，由跑动和触球两个技术要素构成：跑动方面具有步幅小、频率快、重心低和频繁变向的特点，不同于田径运动中的跑动方式；触球则包括推、拨、扣、拉、挑、踩等多种动作，既要控制好球，又要为后续处理球做好准备。

二、 带球的重要性

带球是足球运动中至关重要的基本技术，是衡量运动员技术水平的重要标志之一。运动员掌握熟练的带球技术和突破能力，对丰富球队战术打法、创造射门得分机会具有决定性作用。

三、 带球的种类

带球技术按触球部位可分为正足背、内足背、外足背、足弓和足底带球等。小学生练习时建议按正足背、内外足背、足底带球的顺序进行。带球按运动方向可分为直线、曲线和变向三种。

（一）正足背带球

正足背带球是使用足背中部（鞋带区域）带球。带球时后跟抬起，用正足背接触球，轻推球前进。动作要领：跑动自然，上体稍前倾，两臂协调摆动，步幅适中（快速带球时可加大），保持一步一带节奏。人球距离约1米，触球力度适中，做到轻推缓送。注意触球时看球，触球后立即抬头观察场上情况。

（二）外足背带球

外足背带球是使用足背外侧触球，具有触球面积大、控球稳的特点，能利用踝关节灵活性突然变向，使前来抢截的对手捉摸不到带球的方向，故在比赛中运用较多。动作要领：跑动自然，上体稍前倾，两臂自然摆动，触球前足尖稍内转，后跟稍提起，用外足背轻推或拨送球前进。

（三）内足背带球

内足背带球是使用足背内侧带球。动作要领：足尖稍外转，后跟提起，上体稍前倾，采用小步幅、快频率跑动，重心稍低便于变向。触球时轻推控球，注意不能用力过猛，将球控制在可控范围内。除触球瞬间需看球外，其余时间要抬头观察场上情况，可结合虚晃、假射等假动作提升效果。

四、带球的训练方法

（一）各部位带球训练

1. 正足背带球训练

训练方法：队员分三排站立，第一排队员用正足背带球前进20米，用足底停球并完成180度转身，用足弓传地滚球给第二排队员，传球后跑至第三排队尾。第二排队员重复上述动作，依次循环。

训练要求：保持正足背一步一带球的节奏，每次触球后必须抬头观察。

2. 内外足背带球训练

训练方法：将队员分为 3 队，每队 6 人，每队前方设置 6 根标志杆，间距 2 米。画一起始线距离第一根杆 2—3 米，每队第一人用右脚绕杆运球，绕过第六杆后直线返回，将球交给下一队员，直到全队完成右足练习后换左足。

训练要求：每次必须使用单足完成练习，强制使用内外足背交替带球，每次触球后必须抬头观察。

3. 带球障碍赛跑训练 1

训练方法：如图 2-3-1 所示，将队员分成两列纵队，听口令后每队第一人带球依次绕过 6 根标志杆，在 AB 线将球踢入第一栏架，跨越第一栏架后再带球至 CD 线前（不得越线，违规则需将球带回线内），将球射入第二栏架，从第二栏架下爬过，带球返回起点，接着在第一根标志杆处将球传给下一队员。下一队员重复第一人的动作。

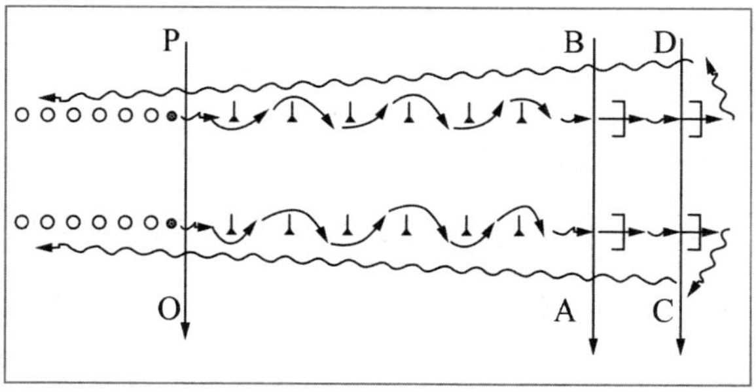

图 2-3-1

训练要求：

①绕杆必须按顺序完成，失误后必须用脚把球带回，从失误地点

重新开始。

②完成绕杆后，轻踢球入第一栏架，迅速跨越栏架，在球未过 CD 线前射入第二栏架，然后快速爬过栏架带球回到起点，传球给下一队员。

③跨越第一栏架时不得碰倒栏架，否则必须把栏架扶正后方可继续。

4. 带球障碍赛跑训练 2

训练方法：在栏架前方 8—10 米处设置活动球门（高 2 米，宽 3 米），完成带球障碍赛跑训练 1 全部流程后，增加射门环节，射门后方可带球回第一根标志杆处，将球传给下一队员。

训练要求：同带球障碍赛跑训练 1。

5. 多部位带球训练 1

训练方法：队员站成一排横队，间距 2 米，用右足正足背向前带球一步，然后用足底把球拉回，接着用右足背内侧扣球，再换成足背外侧拨球回原位。完成后换左足重复全套动作。左右足做完算一次练习，连续做 10 次练习为一组。

训练要求：每次触球后必须抬头观察。

6. 多部位带球训练 2

训练方法：直线向前带球中增加小腿后提假踢动作。队员排成一列横队，间距 2 米，向前一步一带球，接着提小腿做一次假踢动作，然后用正、内、外足背随意带球 20 米后，用足内、外侧扣球后转身 180 度，带球返回起点。

训练要求：每次触球后必须抬头观察。

7. 8 字绕杆带球训练

训练方法：设置间距 1 米的双杆，队员单足带球完成 8 字绕杆，顺、逆时针各 5 圈后换足重复训练。

训练要求：保持膝关节弯曲，必须使用内外足背交替带球，每次触球后立即抬头或用余光观察。

（二）变向带球训练

1. 十字形带球训练

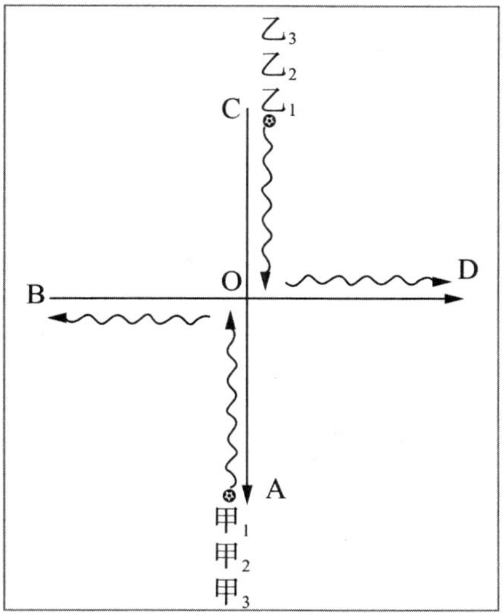

图 2-3-2

训练方法：如图 2-3-2 所示，将队员分成甲、乙两组。$甲_1$ 从 A 点开始用正足背带球至 O 点，改用内足背带球至 B 点，然后换左足用正足背带球至 O 点，改用内足背带球回原点 A。$乙_1$ 用与$甲_1$ 同样的方法从 C 点带球至 O 点，改用内足背带球至 D 点，换另一足带球由 D 点带回至 C 点。$甲_1$、$乙_1$ 完成训练后将球分别交给$甲_2$、$乙_2$ 继续训练。完成者跑至队尾，每人重复 3 次。

训练要求：

①保持一步一带球的节奏。

②带球时，支撑腿膝盖弯曲，重心下移。

③每次触球后立即抬头观察。

2. S形带球训练

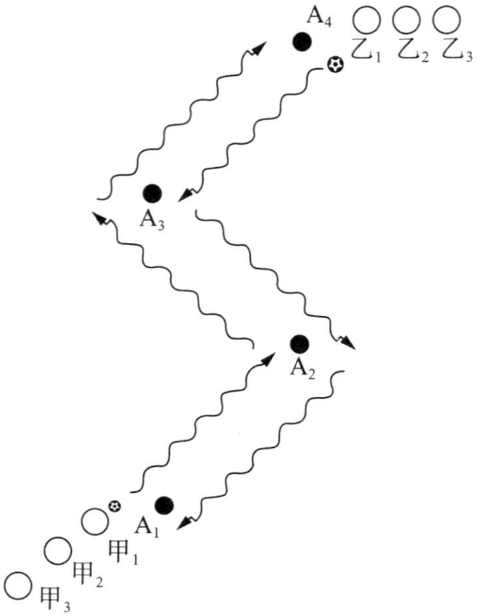

图 2-3-3

训练方法：如图 2-3-3 所示，甲$_1$ 用右足正足背带球从 A_1 至 A_2，改用内足背变向带球至 A_3，再用正足背变向带球至 A_4。乙$_1$ 用与甲$_1$ 同样的方法从 A_4 经 A_3、A_2 带球至 A_1。甲$_1$、乙$_1$ 完成训练后将球分别交给甲$_2$、乙$_2$ 继续训练。

训练要求：同十字形带球训练。

3. 一拨一扣带球训练

训练方法：队员排成 2—3 列横队，每列 6—10 人，第一排每人一球，间距 2—3 米。教练员口令开始后，第一排队员先用右足带球，先用外足背拨球，再用内足背扣球，然后换左足重复以上动作，左右脚循环重复上述动作带球 10—15 米后，把球踩停转身传球给第二排。轮换方式：第一排完成后跑至第三排后，第二排完成后跑至第一排后，第三排完成后跑至第二排后。每排重复 5 次。

训练要求：拨球与扣球衔接快速连贯。

4. 高低变向带球训练

训练方法：队员成纵队排列，每人持一球。教练员口令发出后，队员用前脚掌向后拉球。当球滚至足尖时用足尖挑球至足背，再用足背把球向前挑高过人，快速跟进用足背接球，带球 1—2 步后停止。完成后重复练习。

训练要求：

①前脚掌拉球需足够力度，确保球能靠惯性滚至足背。

②足背挑球向前不能挑太远，最好在 1—2 米处。

③挑球后，人立即跟上，动作衔接快速连贯。

5. 变速带球训练 1

训练方法：队员先慢速带球接近防守者（或标杆），距目标约 1 米时，先用右足外足背拨球后，立即换内足背加速突破，越过防守者（或标杆）。

训练要求：

①队员带球要掌握好节奏，慢慢带球至防守者（或标杆）面前时，突然加速带球越过防守者。

②队员带球突然加速后要跟上球速，并保护好球。

6. 变速带球训练 2

训练方法：把变速带球训练 1 中的外足背拨球改为内足背扣球。

训练要求：

①扣球时不能把球斜扣，尽可能做到横扣。

②扣球后左足弓立即向前推球加速。

③扣球与推球动作衔接要快。

第四节　踢球

一、踢球的定义

踢球是指运动员运用足部特定部位将球击向预定目标的专项技术动作，是足球运动中最基础、应用最广泛的核心技术。

二、踢球的重要性

踢球是组织进攻、实施防守、完成射门的重要手段。传球配合和射门得分主要靠它。足球运动是一项对抗性很强的集体运动，以破门得分多少决定胜负。通常破门得分的途径只有两条：一是带球突破对方防线而后射门得分；二是靠集体传球配合突破对方防线而后射门得分。前者难得，后者较多。也就是说，多数进球是依靠集体配合完成的。但是如果没有技术动作保证也就不可能发挥集体力量来战胜对手，说得具体点，每名队员必须掌握扎实的踢球技术，否则就难以完成战术配合，比赛就难以取胜。

三、踢球的基本形式

踢球的方法常被人们叫作脚法，是足球技术的基本功。脚法有多种，按触球部位可分为足内侧（足弓）踢球、正足背踢球、内足背踢球、外足背踢球、足尖踢球、足跟踢球和足底踢球等多种形式。在比赛中运用得最多的是足内侧（足弓）踢球、正足背踢球、内足背踢球以及外足背踢球这四种。

四、踢球的要领

不管哪一种踢球动作，其完整过程都离不开四个步骤：一是助跑和立足，二是踢球腿的摆动，三是足部与球的准确接触，四是踢球完成后的动作。

综合分析以上四个步骤后，踢球效果的关键在于以下两点：

其一，支撑足的位置是否正确。这包含两个关键点：一是支撑足与球的相对位置必须恰当，既要保持合适的距离，又要确保足尖正对出球方向。否则，会直接影响踢球腿的正确摆动和出球的准确性。二是支撑足要站得稳健有力。也就是说，身体重心要稳固地落在支撑足上，这样有利于踢球腿的顺利摆动，又能更好地借助支撑足下蹬地面时产生的反用力来增强踢球的力量。

其二，触球时的一瞬间，踢球足的踝关节要保持紧张，确保足部与球的接触部位准确。影响踢球力量的因素有很多，最重要的如踢球腿的力量强弱、摆动速度，触球瞬间踝关节的紧张度以及触球部位的准确性。特别是最后一点，以正足背踢球为例，当足背准确击打在球体中后部时，不仅能产生最大的击球力量，还能确保球沿直线飞向预定目标。

五、踢球的基本要求

①无论是传球或是射门，都应养成迎球踢球的习惯。这一习惯能

在比赛中为运动员赢得宝贵的时间和空间优势，有效加快进攻节奏，为战胜对手创造有利条件。

②踢球的一瞬间，腿部肌肉应由放松状态迅速转为紧张发力，足踝关节保持适度紧张，足面充分绷紧，同时收腹屏气。这样做才能使踢球动作协调自然，产生最大的击球力量。

③踢球后，踝关节仍要保持紧张状态，踢球腿继续随出球方向向前摆动，同时身体还要随出球方向跟进几步，以增加踢球时的能量，使球获得更大的飞行速度。

④小学生初学踢球时，可先学正足背踢球和足内侧（即足弓）踢球。正足背踢球是内外足背踢球的基础技术，掌握后能更容易学习其他踢法。足内侧（足弓）踢球相对来说比较难掌握，但因其是短传的主要方式，小学生初学踢球时必须重点学习。

⑤小学生学习踢球从初学阶段就要注重双腿同步训练，促使两条腿踢球技术全面发展。

六、 踢球的训练方法

（一） 正足背踢球

正足背踢球是指运动员使用足背中部（鞋带区域）击球的技术动作。这种踢法，足与球的接触面大，踢球腿的前后摆动自然且摆幅大，因而踢出的球有力而准确，它适用于远距离传球、射门及定位球处理。

1. 动作要领

直线助跑，支撑足踏在球侧稍后方 10—15 厘米处。脚尖正对出球方向，膝关节保持微屈，身体稍前倾。在踏好支撑足时，踢球腿顺势后提，小腿后屈。此时大腿带动小腿向前摆，当膝关节摆动至球体正上方时，小腿加速前摆，足跟提起，踝关节紧张，脚尖下指，足面绷直，用足背正面打球的后中部。击球后踢球腿应顺势前摆，随后自然落地。

2. 常见错误

①支撑脚踏点不准确，太靠前或靠后，影响踢球时的发力和踢球效果。

②踢球时足背未绷直，影响踢球力量和方向。

③踢球时摆腿路线轨迹不直或身体后仰，造成出球方向不准或出球太高。

3. 纠正方法

①无球动作模仿练习：熟悉和强化动作要领。教练员要适当讲解，多示范。

②踢实心球：两人一组，一人固定住实心球，另一人支撑足踏稳，然后按要领踢实心球。

③跪姿足背拉伸练习：双腿跪地，两足背绷直在地面上，臀部坐在足跟上压足背。

4. 训练方法

①教练员讲解正足背踢球要领并示范，使队员对正足背踢球形成正确认识。

②两人一组，持一球，一人用脚固定球，另一人站立在球侧后方，按动作要领用正足背轻踢球后中部，踢 10 次后两人交换位置训练（每组 10 次，练习 5 组）。

③队员间距 3—4 米，持球站在球墙前 7—8 米处，面对球墙，对墙轻踢球（每组 10 次，练习 5 组）。教练员观察队员踢球动作是否符合动作要领并及时点评。

④队员排成一列横队，距球门 10 米，球放在地上，队员依次用正足背把球踢进门（左右足各 10 次/人）。教练员观察队员踢球动作是否符合动作要领并及时点评。

⑤队员在中场排成一列横队，每人持一球，队员依次用正足背带球至禁区线附近，然后用正足背射门（左右足各 10 次/人）。教练员观察队员踢球动作是否符合动作要领并及时点评。

⑥教练员传球给队员，队员用足弓接地滚球后，用正足背带球至禁区线前，用正足背射门（左右足各 10 次/人）。教练员观察队员踢球动作是否符合动作要领并及时点评。

（二）足内侧（足弓）踢球

足内侧踢球是运用足弓部位将球踢出的技术动作。该技术的特点是足与球的接触面积较大，出球准确度高，但力量相对较小，主要适用于短距离传球。

1. 动作要领

①正对出球方向助跑两三步，最后一步步幅稍大。支撑足踏在球侧后方适当位置，膝关节微屈，足尖正对出球方向，上体稍前倾。

②踢球前髋关节外展，使足弓正对来球方向。

③以大腿和髋关节为轴，将踢球腿提起至距地面约 10 厘米高度，由大腿带动小腿和足部完成由后向前的摆动动作。

④击球瞬间踝关节保持紧张，足尖上翘，足内侧绷紧，准确击打球的正后方。击球后，踢球腿应继续向前摆出。

2. 常见错误

①踢球腿髋关节外展不足，同时足尖未充分上翘，导致出球方向不准确。

②支撑脚站位过于靠前或靠后，造成击球力量不足或出球过高。

③击球瞬间踝关节未能保持紧张，致使踢球力量不足。

3. 纠正方法

①先进行无球动作模仿练习，牢记动作要领之后再做有球练习。

②教练员适当讲解多示范，及时纠正练习中的错误。

4. 训练方法

（1）原地对墙踢训练

训练方法：队员持球，间距 2—3 米，距墙约 4 米，站在球侧后方，足尖和球后侧基本处于一条横线上，支撑足与球相距 4—5 厘米。

训练要求：

①严格按照动作要领对墙踢球。

②球从墙面弹回时，先用足底把球踩住，再进行下一次踢球。

③左右脚各完成 2 组×10 次轻踢（每组 10 次后教练员讲评）。

（2）对墙踢活动球训练

训练方法：队员持球间距 2—3 米，距墙约 10 米，先带球 3—4 米后完成对墙踢球。

训练要求：

①严格遵循动作要领完成踢球。

②球从墙面弹回时，先迎球把球接在面前，再用足底把球拖回起始位置，以便下一次练习。

③左右脚各完成 2 组×10 次轻踢（每组 10 次后教练员讲评）。

（3）两人同练

训练方法：两名队员组成一组，面对面站立，相距 10—12 米。甲队员使用足弓将球传给乙队员，乙队员用足内侧稳稳接住球，随后用足底将球拖回原位，再次用足弓将球传回给甲队员。甲队员接球后，按照乙队员的方法进行接球和传球。

训练要求：

①传球时必须遵循足弓传球的动作要领。

②当同伴传球时，必须主动迎上接球。

③左右脚各完成 2 组×10 次的传球练习（每组 10 次后教练员讲评）。

(4) 跑动中训练

训练方法：两人一组一球，同时面向前方，两人相距约 8 米。练习开始时，甲带球向前 2—3 米，用右足足弓将球传给乙，乙用左足足弓接球后，再用左足足弓将球传回给甲。完成 60 米练习后，甲、乙两人转身练习，回到起始位置。

训练要求：

①足弓传球需严格按照动作要领进行。

②甲、乙两人需在跑动中完成练习，总距离为 2 组 60 米。

③每次完成 60 米练习后，教练员进行讲评。

（三）内足背踢球

内足背踢球是指用足背内侧部位踢球的技术动作。该踢法具有摆踢动作顺畅、幅度大、触球面积大、出球平稳有力、球路变化多样等特点，适用于中远距离传球、射门以及转身踢球，尤其适合过顶传球。

1. 动作要领

①采用斜线助跑，助跑方向与出球方向通常成 45 度角。支撑脚踩在球的侧后方，脚尖正对出球方向。

②支撑腿膝关节微屈，身体重心落在支撑脚的前脚掌外侧，身体稍向支撑脚一侧倾斜。

③踢球腿由放松后摆迅速转为前摆，踢球瞬间小腿和踝关节绷紧，脚尖稍外转，踢球腿加速向前摆动。

④踝关节发力，足面绷紧，用足背内侧部位击打球的后中部。踢球后，踢球腿随球向前自然摆动。

2. 常见错误

①支撑脚站位不当，脚尖未对准出球方向，影响出球效果。

②击球瞬间，膝关节未向前送，而是向内拐，导致出球方向偏离。

③踢球腿后摆时过于紧张，影响前摆速度，导致出球无力。

④支撑脚站位偏后，踢球时上体后仰，导致出球偏高。

3. 纠正方法

①先进行无球动作模仿练习，熟悉和强化动作要领。

②练习时，助跑的最后一步跨幅稍大，使后摆腿充分伸展，便于膝关节前顶，放松完成随前动作。

③踢内弧线球时，用足内侧部位击打球的后外侧，击球瞬间踝关节发力内转并上翘脚尖，使球产生侧旋并沿弧线运行。

4. 训练方法

在网球场上，两人一组一球。甲用内足背将球踢向网另一侧的乙，乙接球后同样用内足背将球踢回给甲。此练习也可在大场地上进行，中间站一人。两侧队员用内足背踢球，若踢出的球被中间人碰到，则算作踢球者失误，与中间人交换位置继续练习。每组踢 10 次后换脚，每人完成 10 组×10 次。

（四）外足背踢球

外足背踢球是指用足背外侧部位踢球的技术动作。其特点是触球面积较大，预摆动作小，出脚速度快，能利用膝关节和踝关节的灵活变化改变出球方向而具有较强的隐蔽性，是实用性较强的技术动作。

1. 动作要领

①正对出球方向助跑，最后一步稍大。

②支撑脚站在球的侧面，脚尖对准出球方向，膝关节微屈。

③动作类似于正足背踢球，但用足背外侧部位触球。踢球时，脚尖和膝盖内转。

④踢球后，踢球腿随击球方向自然前摆。

2. 常见错误

①支撑脚站位不当，影响踢球时的发力效果。

②踢球时摆腿方向不是由后向前，而是过于向内前方摆动，导致出球方向偏离。

③踢球时，足与球接触面过小，形成“削球”，导致出球无力且准确性差。

3. 纠正方法

①多做无球动作模仿练习，熟悉和强化动作要领。

②练习时，身体保持舒展，重心前倾，后摆腿充分伸展。击球时足面绷直，足尖内扣，用足背外侧部位击打球的后中部。踢球后，踢球腿随球向前自然摆动。

4. 训练方法

①先进行无球模仿动作练习，熟记动作要领。

②两人一组，持一球，甲踩住球，乙站在球侧后方，按动作要领轻踢球。左右脚各踢 10 次后，两人交换位置练习。每人完成 5 组×10 次，教练员适时讲评。

③两人一组，持一球，相距约 10 米。甲在原地踢球给乙，乙用足底接球后再踢回给甲。每人左右脚各完成 10 次，教练员适时点评。

（五）踢反弹球

踢反弹球多用于进攻时抢点射门或防守时救险，其特点是出脚快、突然性强且力量大。

1. 动作要领

踢反弹球的关键在于准确判断球的落点和反弹时机。当球飞来时，运动员需判断好球的落点，待球刚由地面反弹起时，小腿迅速向前摆动，踝关节绷紧，足面绷直，用足背正面击打球的后中部。击球瞬间，膝关节应位于球的上方，足面与地面垂直，呈 90 度角。

2. 训练方法

（1）基础训练

训练方法：两人一组，持一球，相距约 20 米面对面站立。甲手持球，轻放球使其落地，待球刚弹起时，乙迅速摆腿踢球。击球瞬间，膝关节位于球的上方，足面与地面垂直。

训练要求：准确判断球的落点，球一弹起立即踢出。击球时足背与地面垂直成 90 度。踢球后，踢球腿及身体随球前摆，以增加球的飞行动能。

（2）实战模拟训练

训练方法：如图 2-4-1 所示，甲站在禁区线罚球点附近，面向中场；教练员△站在中场，脚下持球。运动员乙作为攻方站在边线附近，教练员△用内足背踢高球给甲，乙迅速跑向甲争抢球，甲则迎球踢反弹球救险。

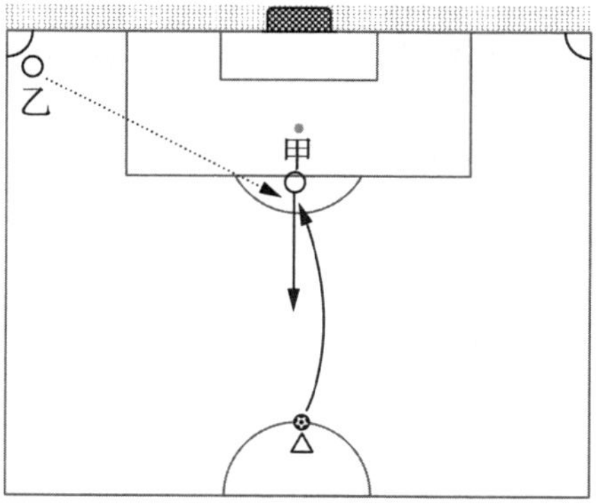

图 2-4-1

训练要求：甲需准确判断来球落点和反弹时机，迎球踢反弹球解围，踢球要果断、利落。

（3）角球配合训练

训练方法：如图 2-4-2 所示，甲在角球区踢角球（高球），乙站在禁区前沿。守门员用拳将球击向禁区前沿。乙迅速跑动抢点踢反弹球射门。踢 5 次后，甲、乙互换角色练习。

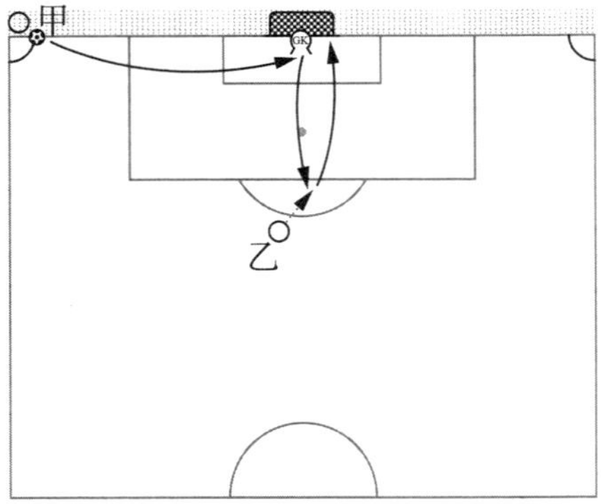

图 2-4-2

训练要求：乙按踢反弹球的动作要领去抢点，踢反弹球射门。

（六）转身踢地滚球

转身踢地滚球常用于比赛中的紧急情况，例如当运动员背对对方球门时，需迅速将球踢向对方半场。踢球时，支撑脚要站稳，身体重心落在支撑脚的外侧，上体稍向后倾，支撑脚位于球的后方，脚尖与跑动方向成 90 度角。用足背内侧踢球的后下部偏外侧，踢球瞬间身体随踢球腿的摆动方向扭转，踢球后面向踢球方向。

1. 动作要领

支撑脚位于球的后方，脚尖向外并与跑动方向成 90 度角。踢球瞬间，身体随踢球腿的摆动方向扭转。

2. 训练方法

（1）踢定位球训练

训练方法：将球固定在地上，运动员助跑后转身将球踢向对方场地。

训练要求：

①助跑至球前，支撑脚站稳，半转身将球向后踢出。（每人完成 5 次×2 组）

②支撑脚脚尖与跑动方向成 90 度角，踢球时上体稍后仰，用足背内侧踢球的后下部偏外侧，身体随踢球腿摆动方向扭转。

（2）踢滚动球训练

训练方法：运动员向本方球门带球 2—3 米后，支撑脚位于球后，脚尖与跑动方向成 90 度角，身体稍后仰，转身用足背内侧踢球。

训练要求：与踢定位球训练相同。

（七）转身踢空中球（凌空球）

转身踢空中球多用于对方禁区内的射门，其特点是出球突然且力量大，往往令对方门将难以防守。

1. 动作要领

此技术属于高难度动作，要求运动员具备良好的时空判断能力和身体协调性。踢球瞬间，身体随踢球腿的摆动方向扭转，确保动作流畅。

2. 训练方法

①无球动作模仿练习，即进行“空踢”练习，熟悉动作要领，教练员适时点评。（每人完成 10 次×2 组）

②有球双人练习。两人一组，持一球，相距 4—5 米，甲手抛平球给乙，乙按动作要领踢球，10 次后交换角色。

③教练员在角球区踢平高球，运动员站在罚球点附近，按动作要领把球踢向球门。

训练要求：

①准确判断来球落点，支撑脚站稳，脚尖指向击球方向，身体重心落在支撑脚外侧，上体稍向后仰。

②当球下落至腰部高度时，提起踢球腿，大腿带动小腿向球和出球方向踢出，用足背正面击打球的正后方。踢球瞬间身体随踢球腿摆动方向扭转，踢球后面向踢球方向。

（八）踢倒钩球

踢倒钩球分为原地踢倒钩球和凌空踢倒钩球，属于高难度技术动作。它要求踢球者具备扎实的技术基础和顽强的意志品质。由于儿童具有好动、兴奋性高、喜欢尝试高难度动作的身心特点，且身体灵活、反应快、柔韧性好，因此适合从小学习此类技术动作。

1. 原地踢倒钩球

当球飞来时，身体后仰，尽可能向后倒，准确判断来球情况。踢球腿迅速提起，足面绷直，用足背正面击打球。踢球后收腹，手、臂、臀部依次着地，以缓冲落地冲击。

2. 凌空踢倒钩球

当球飞来时，踢球腿先蹬地，同时抬起另一条腿，身体后仰，使身体在空中几乎与地面平行。当球飞至头顶时，踢球腿迅速摆起，足面绷直，用足背正面击打球。踢球瞬间急剧收腹，同时另一条腿与踢球腿反向摆动，以增加踢球力量。踢球后，手先着地，随后屈肘，手、臂、臀部依次着地，以缓冲落地速度。

3. 训练方法

①在垫上进行练习，重点熟悉踢球动作要领，特别是落地缓冲

动作。

②仍在垫上练习，教练员手抛球，运动员先在垫上练习原地踢倒钩球，待基本掌握动作要领后，再练习凌空踢倒钩球。

③在掌握垫上练习后，过渡到场地进行实战练习。

第五节　接球

一、接球的定义

接球是指运动员有意识地运用脚或身体的某个部位（不包括手和手臂）将来球控制在自身可控范围内的技术动作。

二、接球的重要性

在足球比赛中，运动员大多数时间处于无球状态，即球在对手或队友的控制之下。当球在对手脚下时需要进行抢截，而当队友控球时，运动员则需做好接球准备。接球是足球运动中由守转攻的一项重要技术，它是组织进攻中的一个重要环节。接球是为带、传或射门服务的，是达到配合和快速完成进攻任务的一种手段。

三、接球的基本形式

接球的基本形式多种多样，仅以脚部接球为例，就包括正脚背接球、内脚背接球、外脚背接球和脚底接球。此外，还可用腿部（如大腿、小腿）或其他身体部位（如胸部、腹部、头部）进行接球。根据来球的不同，接球方式又可分为接地滚球、接反弹球、接空中球等。

四、接球的要领

①准确判断来球情况，运动员需准确判断来球的方向、速度（即力量）和落点，并选择最合适的身体部位进行接球。这要求在来球瞬间迅速作出判断和决策，以确保最佳接球效果。

②在接球的瞬间，应根据球的力量施加适当的触球力度，并及时后撤或下拉，以缓冲来球的冲击力，使球稳定地停留在自身可控范围内。

五、接球的基本要求

①要养成主动迎球接球的习惯，绝不能养成原地等球的坏习惯。因此，从训练初期就应注重这一细节。接球口诀为："迎球接球，利于突破；原地接球，必然失误。"

②无论是接球前还是接球后，都应养成抬头观察场上局势的习惯。

③从接球训练开始就要求把球接成"活球"，不能把球接"死"。这即是说要避免将球停滞在原地，而应在运动中接球，使其保持流动状态，最好把球接在对手前来抢截的反方向。

④在接球瞬间，应根据来球力量的大小调整身体部位的紧张程度和触球力度，将球稳定地控制在自身范围内（约 1 米）。

⑤在掌握原地和慢跑状态下的接球技术后，应进一步训练在快速奔跑或与对手争抢时利用合理部位进行接球。

六、 接球的训练方法

本部分将重点介绍主要接球类型的训练方法，对其他接球类型仅作简要说明。

（一） 足内侧接球（足弓接球）

足内侧接球是接球方法中应用较多的一种，也是应该最先学习掌握的一种接球方法。

1. 足内侧接地滚球（足弓接地滚球）

（1）动作要领

足内侧接球的触球部位与踢球的部位相同，特点是接球面大，接球效果稳定。该方法适用于接地滚球、空中球和反弹球。以下先介绍接地滚球的技巧。

面对来球时，支撑脚的脚尖应对准来球方向，膝盖微屈，身体重心落在支撑脚上，并以足内侧面对来球。髋关节外旋，脚尖稍微上翘。足内侧触球瞬间，身体保持放松，接球脚应略向后撤，以缓冲来球力量，使球稳定地控制在自身范围内。

在接球腿向后撤的同时，身体应略微前倾，眼睛俯视足球，同时利用余光观察周围动态。如果有对手逼抢，应及时作出处理，如带球、控球或传球。

（2）常见错误

①接球时身体紧张，腿未放松并及时后撤，导致球无法被有效控制在自身范围内。

②接球腿抬得过高或超过球的直径，造成漏球。

（3）纠正方法

①先做无球动作模仿练习，熟记接球要领。

②练习时，先以较慢速度传球，使队员在原地熟练掌握接球要领，再逐步过渡到运动状态下的接球训练。无球练习时，应多次体会抬腿高度，确保不超过球的直径。

（4）训练方法

①单人训练：每人一球，面对球墙约 6—8 米，间距 5—6 米。队员先用足弓将地滚球踢向球墙，接着迎上，用右足弓接球，使球滚向自己左侧，并用足底将球拖回原位。完成后换左脚重复上述练习，左右脚各练习 6 次。

训练要求：接球前应抬头，用余光观察周围情况；当足内侧触球时，需用足弓轻微施压，使球向左（右）侧滚动。

②三人训练：如图 2-5-1 所示，甲用左足弓传地滚球给乙。乙用右足弓接球后，再用左足弓将球传给丙。丙用右足弓接球后，再用左足弓将球传给甲……重复练习 6—8 轮。完成两轮后，三人按逆时针方向轮换位置继续练习。

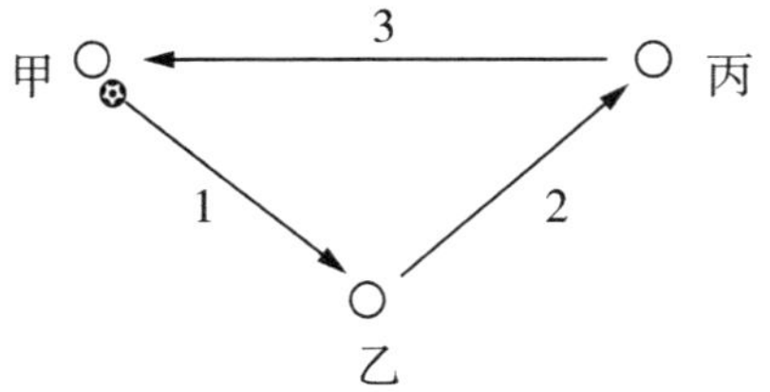

图 2-5-1

训练要求：接球前必须抬头观察周围情况。训练过程中，需交替使用不同的脚完成接、传球练习。

③五人训练：如图 2-5-2 所示，在 10 米×10 米的正方形区域内，五人一组，分别位于四方形四个角（甲、戊同站一角）。甲传球给乙，乙用足弓接球并转身 90 度后传球给丙。丙接球转身 90 度传球给丁。丁

接球后传球给戊。戊接球后重复甲的动作。

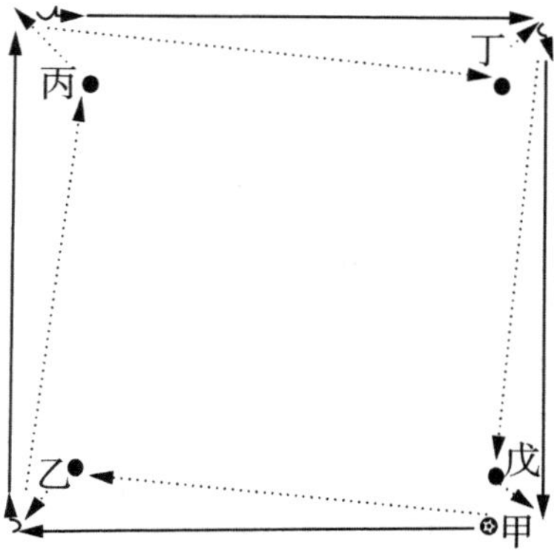

图 2-5-2

训练要求：传球时一律用足弓传接地滚球。传接球时一律要迎上接。接球时要同时转身 90 度。传球后跑向接球队员位置。接球前应向异侧后方转头观察。顺时针完成 5 圈后改为逆时针方向，接球方式改为外足背接球。

2. 足内侧接空中球

这种接球方法主要用于接正面或侧面飞来的半高球，即胸部以下高度的空中球。

接球时，身体应侧面对准来球，支撑脚膝盖微屈，接球腿抬起，并以足内侧迎向来球。当球与足内侧接触的瞬间，接球脚需适度保持紧张，用力将球向下“切”落，或由大腿带动小腿向后侧轻带，使球稳妥地停在面前。由于此时球仍可能处于弹跳状态，队员应根据场上情况迅速进行下一步动作，例如控制反弹球、“挑”球或用正脚背接球，以尽快摆脱对手。

3. 足内侧接反弹球

(1) 动作要领

支撑脚应踏在球落点的侧后方，脚尖对准来球方向，膝盖微屈，上体略微前倾。接球腿稍向后抬起，并在球弹起的瞬间，使接球腿与地面形成小于 90 度的夹角。接球时，接球腿应轻轻地用适当的力量使足内侧“压”住球。

(2) 常见错误

①支撑脚距离球落点过远，判断不准，导致球未被足内侧“压”住而弹起，从而容易被对手抢走。

②接球前未抬头观察周围情况，导致接球后直接落入对方控制范围，被抢断。

(3) 纠正方法

①牢记接反弹球的要领，做无球空接练习。

②进行原地手抛球练习，将球抛至胸部以下的高度进行接球训练，以提高对落点的判断能力。

③逐步提高训练难度，先向身前抛高球进行反弹球接球练习，球的高度应略高于人的站立高度，随后逐步增加抛球高度。

（二） 足底接球

此种接球动作相对较为简单，主要通过足前掌来接球，适用于接正面来的地滚球和反弹球。

1. 足底接地滚球

(1) 动作要领

支撑脚的脚尖应指向来球方向，膝盖微屈，身体重心落在支撑脚上，身体略微前倾，两臂自然张开。接球时，接球腿应曲膝提起，足尖上翘，足跟离地（高度不超过球直径），足尖高于足跟，使足底正对来球。当足底（前掌）与球接触的一瞬间，接球腿应保持放松，用前掌“压”住球。

（2）动作要求

①接球时，身体必须正对来球方向。

②接球时，接球脚的足跟离地的高度不应过高（不超过球直径），以免漏球。

③接球时，足尖必须高于足跟，确保足掌正对来球并能够有效“压”住球。

④接球时，身体重心必须放在支撑足上。

⑤接球前，应抬头观察周围情况，了解对手和队友的位置，以便接球后及时处理球。

2. 足底接反弹球

接球前的准备动作与接地滚球类似，首先进行几步轻松的助跑。根据球的落点，支撑脚应踏在落点侧后方，支撑脚的脚尖对准来球方向。接球腿根据来球情况，放松并抬起，确保足尖高于足跟，使足底对准来球的落点。当球刚触地的一瞬间，立即用足底“压”住球，将球稳妥地接在身前。

（三）胸部接球

胸部接球在比赛中使用频繁，因为空中飞来的球较多，队员必须学会此项技术。胸部接球的面积大，接球比较稳。胸部接球可分为挺胸式和收胸式两种：高空落下的球通常采用挺胸式，而与胸齐平的来球则采用收胸式。

1. 动作要领

（1）挺胸式接球

两脚前后开立，重心置于后脚，膝关节微屈，上体稍向后仰，双臂自然张开，以避免接球时手部触球，同时也有助于保持身体平衡。胸部正对来球方向，用胸部稍侧位置触球，避免使用胸部正中部，因为胸部正中间肌肉较少，主要是肋骨，不利于缓冲来球力量。双脚跳起，胸部向上挺起，使球在胸部肌肉上弹起，最后落在身体前方。

（2）收胸式接球

两脚前后开立，重心置于后腿，膝关节微屈，上体稍向后仰，双臂自然张开，以避免接球时手臂触球。胸部正对来球方向，主动迎球，双眼注视来球。当球接触胸部的瞬间，胸部和腹部迅速收缩，同时前脚沿地面向后移动，带动胸部向后移动，以缓冲来球力量，使球落在身体前方。若需将球接在身体侧方，只需在球接触胸部的瞬间，身体向侧方转动即可。

2. 常见错误

①存在恐惧心理，尤其是在练习挺胸式接球时，因害怕而不敢挺胸迎球，导致球未能落在身体前方，而是远离身体，无法顺利衔接下一步动作，容易被对手抢断。

②在收胸式接球时，对来球的判断不准确，收胸动作过早或过晚，导致球未能落在控制范围内，影响后续动作。

3. 纠正方法

熟记要领：对于胸部以上的高球，两脚前后开立，膝关节微屈，身体稍向后仰，用胸部正中偏左（或偏右）有胸肌的部位迎向来球。当胸部触球的瞬间，双脚迅速蹬地跳起，胸部上挺，使球弹起后再下落到身体前方。接球时，身体背部与地面的夹角应小于 90 度。在收胸接球的一瞬间，胸部与地面的夹角也应小于 90 度。

（四）足外侧接反弹球

这种接球方法在比赛中运用较为广泛，尤其在由守转攻时使用频率较高。运用此种方法接球在有效控球的同时还能摆脱对手，效果好。

1. 动作要领

接球时，身体重心落在支撑脚的前脚掌上，接球腿的小腿与地面形成一定角度。当球落地反弹的瞬间，髋关节向外转动，带动膝关节外压，用脚背外侧“压”球，将球控制在身体侧方。与此同时，身体迅速转身，为下一步动作做好准备。

2. 常见错误

①未准确判断来球落点，支撑脚站位离球过远，导致接球失误。球弹起后需要二次接球，此时球易被对手抢走。

②接球时将球“接死”，未能迅速衔接下一步动作，易失去战机。

3. 纠正方法

①先进行无球动作模仿练习，熟悉接球动作的要领。

②通过手抛球进行练习，抛球高度约与自身身高相当，根据动作要领接球，重点在于准确判断球的落点。待熟练掌握后，逐渐增加抛球高度（如两人高度以上）。

4. 训练方法

①个人训练：每人一球，自己手抛高度不超过自身身高的球，用足外侧接球，完成 2 组×10 次练习。

②双人配合训练：两人一组，相距约 3 米，甲抛出不高于胸部的高球，乙用足外侧接球。练习 10 次后，两人交换角色，即甲抛球、乙接球。

③战术配合训练：如图 2-5-3 所示，守门员先抛远高球给甲，甲迎球用足外侧接球并转身后，立即直传给内切的乙，乙接球带球到禁区射门。

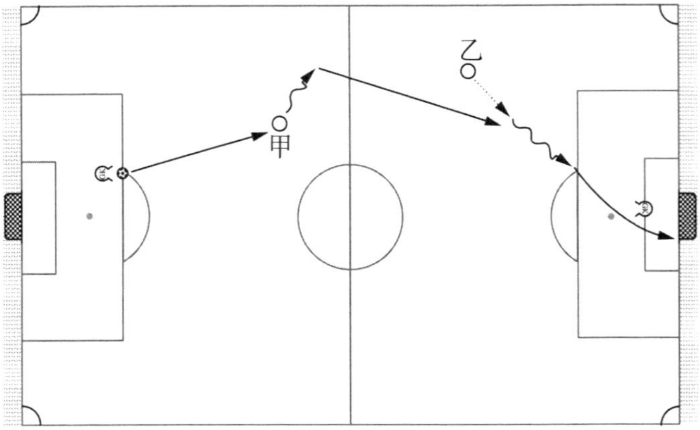

图 2-5-3

训练要求：甲在接球前需主动迎球，准确判断落点，用足外侧接反弹球并快速转身；接球后立即抬头观察场上情况，迅速传球给乙，动作一气呵成。

（五）足背正面接球

足背正面接球是用足背正面（鞋带部分）接球的一种方法。这种接球方式在比赛中运用较多，其特点是接触面积大、接球稳定，但变化相对较少。

1. 动作要领

身体正对来球，判断好来球的路线和速度。支撑脚站稳，接球腿抬起，膝关节微屈，用足背正面迎球。触球瞬间，足背轻轻引撤，使球向下缓冲，膝、踝关节保持放松，以缓冲来球。若需将球接在体前或体侧，触球时踝关节适度紧张，通过调整足背角度控制球的运行方向；若需将球接至身后，接球脚脚尖上翘，踝关节紧张，接球瞬间快速引撤，身体随之转动，以控制球的运行方向。

2. 常见错误

①接球时膝、踝关节过于紧张，动作僵硬，导致接球效果不佳。

②对来球判断不准确，足背接触球的时间过早或过晚，影响接球质量。

③足背引撤球的时机和速度掌握不当，导致接球不稳。

3. 纠正方法

①无球动作模仿练习，体会技术动作要领。

②自抛高度适中的球，在球下落时按动作要领接球。

4. 训练方法

①队员排成一列横队，间距约3米，进行无球模仿练习，体会动作要领。

②队员排成一列横队，间距约3米，每人一球，按要求进行自抛自接练习，教练员适时点评和指导。

第六节 抢截

一、 抢截的定义

抢截就是用合乎规则条例的方法把球抢夺过来，或者将对手控制的球破坏掉。

二、 抢截的重要性

比赛中，运动员大多数时间处于无球状态，因此需要通过抢截来获得球权。现代足球已进入全攻全守的时代，无论是前锋还是后卫，都需要参与抢截和防守。抢截意味着由防守转入进攻。抢截是一项重要的基本技术，每一位教练员都应重视。

三、 抢截的基本形式

抢截技术主要包括正面抢截、侧面抢截、断球、封堵、铲球和破坏性抢截等。

四、 抢截的训练方法

（一） 正面抢截

1. 动作要领

当对方正面带球时，防守队员可采用正面抢截技术。抢截动作包含三个环节：判断选位、上步抢截和后续衔接。抢截前需准确预判：观察对方惯用脚（左足或右足），预判其突破方向。在对方低头触球的瞬间，抢球腿迅速向球滚动方向跨步，膝关节弯曲，上体前倾，以脚内侧封挡球路。此时身体重心下沉，落于抢球腿。如果此时球僵持在双方脚下，抢截队员可顺势用抢球脚上提，使球越过对手脚面，同时快速跟进重心，控制球权并衔接后续动作。此时，如果球尚未抢下，抢截队员可快速地把另一条腿向前移动，使身体贴近对手，利用手臂上部侧面以适当的力量去冲撞对手作“合理冲撞”。如果实在抢截不到球，可寻找机会用脚尖捅球，将进攻破坏掉；如果对方带球能力很强难以抢截，则应以封堵为主，不轻易出脚，防止被对手突破。

关于断球：断球是一种积极主动且富有攻击性的防守技术。常见方式包括：足内侧断地滚球和反弹球；用胸部和头部断空中球。这里主要练习断地滚球。

2. 抢截方法

双眼注视来球动向，当球运行至接球队员 1—2 米距离时，突然快速起动从对手侧后方迎球跑去。

3. 抢截要求

在准确判断对方传球意图、出球时机、传球方向和路线的基础上，选择合理防守位置果断出击。实施抢截时，快速从接球人一侧绕过去，用靠近接球人的一条腿向前跨步迈至接球人身前，并以此腿为支撑，同时身体合理倚靠对手。此时远侧腿膝关节弯曲，用脚内侧或外侧对准来球，在触球瞬间准确击打球体中下部将球截获，并迅速跟进重心控制球权。

4. 常见错误

①判断不准确，出脚慢，导致被对方突破。

②触球后重心跟进不及时，影响后续动作衔接，导致控球失败。

③断球时反应慢，判断失误，起动速度不足，致使断球失败。

5. 纠正方法

①熟练掌握断球技术要领。

②准确预判传球时机、力度和路线，在持球队员低头传球的瞬间快速起动，绕至接球队员身前，以近侧腿为支撑腿，身体合理卡位，同时用远侧腿完成断球动作。

6. 关于封堵和破坏

防守队员应面向持球队员迎上，保持 1—1.5 米距离，降低重心呈两脚前后站立姿势，双眼紧盯对方脚下球。面对对手的假动作需保持冷静，避免轻易出脚抢截，应通过重心移动跟随对方控球，并随时准备转身回防。当对手欲提腿射门或传球时，可用近侧脚进行封挡，切忌盲目抢截，防止被对手突破。倘若对手触球稍远，则可抓住时机用脚尖捅球实施破坏。

7. 训练方法

①两人一组持球练习：队员甲带球突破，队员乙迎上进行正面抢截。完成10次练习后，双方交换角色继续训练。

②三人一组持球练习：队员甲与队员乙相距约10米进行传球配合，甲可传地滚球或半高球，队员丙适时进行抢断球。丙抢断球的关键在于准确判断甲的传球后，迅速起动，抢在乙触球前先完成断球，至少要把球破坏掉。

（二）侧面抢截

1. 动作要领

当防守队员与进攻队员同时向前跑动或防守队员在被对方从后方追上与进攻队员成平行位置时，可采用侧面合理冲撞技术。双方并肩平行向前跑动，实施时应在进攻队员远侧脚触球的瞬间，用上臂向对方进行合理冲撞，同时保持身体重心适当降低，注意控制冲撞力度，避免动作过猛，同时注意手臂紧贴身体。

2. 常见错误

①冲撞时手臂外展或重心过低，导致犯规。

②冲撞力度控制不当，力量过小无法形成有效抢截，力量过大则造成犯规。

3. 纠正方法

教练员应反复强调动作要领，组织队员两人一组进行无球跑动中的合理冲撞练习，并及时给予指导和讲评。

4. 训练方法

①两人一组进行无球跑动中的合理冲撞练习。

②两人一组，在距离4—5米处放置一球，听口令后同时起动跑向

球，在距球一步距离时先完成合理冲撞动作，随后控制球权，最后由教练员进行点评。

③两人一组持球练习，队员甲带球突破，队员乙在完成转身回追并与甲形成平行位置后实施合理冲撞，每组完成 2×10 次抢截练习。

（三）铲球

铲球分为正面铲球和侧面铲球两种，属于高难度的技术动作，要求运动员具备勇敢顽强的意志品质和快速敏捷的反应能力。

1. 正面铲球

当进攻队员正面带球逼近时，防守队员应保持两脚前后开立、双膝弯曲的重心下降姿势，重心平均分布在两脚之间。在进攻队员触球后脚即将落地或刚落地、球离身体较远时，防守队员迅速用一脚蹬地发力，另一腿向前伸展，蹬地腿快速跟进并以脚跟着地向前滑行铲球，同时上体后仰。完成动作时按小腿、大腿、臀部、背部的顺序依次着地，双手撑地后立即起身控制球权。

2. 侧后面铲球

当进攻队员带球突破、防守队员来不及采用其他抢截方式时，可采用侧后铲球技术。该技术分为同侧脚铲球和异侧脚铲球两种。

(1) 同侧脚铲球

在进攻队员推球离脚的瞬间，防守队员以异侧脚用力后蹬或跨步，同侧脚以外侧沿地面向前外侧滑出，用脚背或脚尖将球抢截或捅出，随后按小腿外侧、大腿、臀部的顺序顺势着地。

(2) 异侧脚铲球

在进攻队员推球离脚的瞬间，防守队员以同侧脚用力后蹬或跨步，异侧脚以外侧沿地面向前滑出，用脚底将球推出，随后按小腿外侧、大腿、臀部的顺序顺势着地。

第七节　头顶球

一、 头顶球的定义

头顶球是指运动员用头部（一般为前额部位）将球击向预定目标的技术动作，是现代足球比赛中至关重要的基本技术之一。

二、 头顶球的重要性

足球运动员不能只会用脚踢球，还需要有头顶功夫。头顶球技术既是进攻中组织配合和破门得分的重要武器，也是防守时化解险情的关键手段，更是争夺制空权的核心技术。现代足球比赛中（以世界杯为例），头球得分占据重要地位。目前小学生比赛中头球运用相对较少，因此校园足球教练应当重视并加强头顶球技术的系统训练。

三、 头顶球的基本形式

头顶球技术按触球部位可分为前额正面顶球和前额侧面顶球；按动作形式可分为原地头顶球和跳起头顶球。针对小学生初学者，建议从原地前额正面头顶球开始训练。

四、 头顶球的训练方法

（一）原地头顶球

1. 原地前额正面头顶球

技术特点：头部触球部位稳定，发力协调顺畅，便于控制出球方向，顶出的球准确有力、线路稳定。

（1）动作要领

身体正对来球方向，双脚前后开立，膝关节微屈，重心置于后腿；双臂自然张开保持平衡。上体充分后仰，胸部与地面形成的夹角尽可能增大；双眼注视来球轨迹。当球接近头部时，快速收腹前摆上体，颈部保持紧张，用前额正面击打球体后中部。击球瞬间双腿伸直，脚跟离地；顶球后身体随球向前跑几步以增强击球力量。

（2）技术关键点

①准确预判球的落点位置。

②顶球的全过程中保持双眼睁开并始终看着球。

③上体由后向前摆动，同时要把腰腹力量用上。

④头顶球的一瞬间保持头颈部紧张用力，同时整个头和颈随球向前顶。

⑤前额正面顶球时，确保正面接触球体正后方，身体同步完成前摆动作。

⑥顶球时，身体重心由后腿转移至前腿，双脚同时用力蹬地以增加顶球力量。

（3）常见错误

初学者常因恐惧心理在顶球时闭眼盲目顶球，导致触球部位错误——未使用前额正面顶球，而误用头顶部（有头发处）触球，不仅影响技术效果，还会造成头部不适。

（4）纠正方法

①教练员要反复讲解示范，首先让运动员明白，前额正面顶球不会引起头痛，帮助运动员克服心理障碍。

②组织队员每人双手持球，用球轻触前额正面，体验用前额正面顶球时不会有头痛的感觉。

③队员距墙面 1—2 米站立，双手持球向墙面抛高球，其高度高于头顶约 20 厘米，当球下落后用前额正面将球顶向球墙，球从墙面弹回时，双手接住球，再继续练习。每人完成 2 组×10 次。

（5）训练方法

①双人抛顶训练：两人一组，相距 7—8 米，相对而立。

甲将球垂直抛向自己头顶上方，保持上体后仰，双眼全程注视球体运动轨迹；当球下落至接近头顶时，上体前摆，眼睛紧盯下落的球，头颈紧张；当球落至前额高度时，用前额正面顶球给对面的同伴乙，乙用手接球后重复相同动作。

训练要求：a. 保持双眼睁开，全程注视球体；b. 抛球时上体充分后仰；c. 球下落时，上体由后向前摆动，判断好球在空中的下落轨迹；d. 前额正面顶球时，一定要把腰腹力量用上。

②头顶攻门训练：将队员分为甲、乙两列纵队，首名队员距球门 8—10 米，守门员 H 手持一球，脚边备用一球。H 手抛高球给甲$_1$ 完成头球攻门。若球越过横梁，甲$_1$ 自行捡球放回 H 脚边后加入乙队队尾，此时 H 取备用球继续抛给甲$_2$ 完成头球攻门；若球顶中球门被 H 接住，甲$_2$ 就返身跑至乙队队尾；H 此时将手中球抛给甲$_3$ 完成头球攻门……如此进行。甲队完成后换乙队练习。

训练要求：队员面对守门员抛来的高球必须规范使用前额正面顶

球技术。

③轮流顶球训练：四人一组一球，四人成一列纵队，$甲_2$、$乙_1$、$乙_2$ 站成一列，$甲_1$ 手持一球站在距$甲_2$、$乙_1$、$乙_2$ 对面 5—6 米处。然后$甲_1$ 手抛高球给$甲_2$，$甲_2$ 用前额正面将球顶回给$甲_1$ 后跑至$甲_1$ 身后准备抛球。$甲_1$ 再抛高球给$乙_1$。$乙_1$ 重复$甲_2$ 的动作。

训练要求：a. 每人顶球时必须使用前额正面；b. $甲_1$ 完成两次抛球后换位至对面$乙_2$ 身后准备顶球。

2. 原地前额侧面顶球

（1）动作要领

双脚前后开立，膝关节微屈，上体与头部向击球方向相反侧略微转动，重心置于后脚。双臂自然张开，双眼注视来球。当球运行至头部前瞬间，后脚用力蹬地，上体快速向击球方向扭转并配合甩头动作，用前额侧面击打球体后中部。击球瞬间，上体带动头部和颈部沿球运行方向顺势摆动。

（2）技术关键点

①准确预判来球轨迹。

②及时完成转体侧摆发力动作。

（3）常见错误

①对来球时机判断不准（过早或过晚）。

②顶球动作发力不协调，导致出球方向不准或力量不足。

（4）纠正方法

①无球模仿动作练习，体会动作要领。

②吊球辅助练习，通过固定轨迹球掌握动作要领。

③双人配合练习：两人一组，近距离练习，甲抛乙顶，着重体会转体侧摆动作要领，熟练掌握后逐步增加练习距离。

（二）跳起头顶球

在足球比赛中，为了争夺时间、空间和增加头顶球的力量，运动员必须掌握跳起头顶球技术。这种方法的特点是，顶出的球快速有力。在进攻时，跳起头顶球往往使对方难以防守，如边线传中或发角球时运用跳起头顶球常能破门得分；在防守救险时，通过跳起头顶球技术可以有效化解险情。

1. 跳起前额正面头顶球

（1）动作要领

运动员助跑 3—5 步后单脚起跳（单脚起跳较双脚起跳更具时间优势），起跳腿用力蹬地，先将一条腿的大腿向上提摆，同时双臂协调向上摆动，以便使自己跳得更高。当跳至最高点时，双臂自然张开控制身体平衡，挺胸展腹同时上体尽量后仰形成背弓状，双眼始终注视来球。在最高点腰腹发力带动上体和头部快速向来球方向摆动，用前额正面触球，顶球后曲膝缓冲，身体落地。

（2）技术关键点

单足起跳后在最高点顶球，准确判断起跳时机和球体落点。顶球时快速收腹，颈部主动迎球发力。全程保持双眼注视球体轨迹。

（3）常见错误

顶球时闭眼缩颈导致顶球失误。起跳过早或过迟，对球体落点判断不准，顶出球效果不佳。

（4）纠正方法

①吊球练习。要求顶球时不闭眼，体会动作要领，特别是体会前额正面触球的感觉。

②双人配合练习。两人一组近距离抛顶练习，甲抛乙顶，动作规范后逐步扩大两人间距练习。

2. 跳起前额侧面头顶球

（1）动作要领

运动员侧对来球方向站立，双脚前后开立，顶球侧腿在前，身体稍向后，重心置于后腿，双臂自然张开，双眼注视来球轨迹。当球快到头顶时，准备起跳顶球，后腿用力蹬地起跳，上体应向击球的反方向侧屈转体。当跳至最高点时，快速向击球方向转体甩腰，用前额侧面完成顶球动作。

（2）技术关键点

①准备起跳顶球前，单足用力蹬地，上体向击球的反方向侧面转体跳至最高点，身体向击球一侧快速转体甩腰，这一系列动作要协调、自如。

②顶球时必须转体甩腰，用侧额顶球，转体甩腰等动作不协调，同样影响顶球效果。

（3）常见错误

①顶球时机未掌握好，影响顶球效果。

②侧屈转体与甩腰动作不协调，导致发力不充分。

（4）纠正方法

①教练员示范讲解，反复示范，使队员真正明白动作要领。

②无球动作模仿练习，使队员体会动作要领。

③两人一组进行抛顶练习，甲抛乙顶，逐步掌握动作要领。每组完成 40 次（4 组×10 次）后交换角色。

（三）鱼跃头顶球

鱼跃头顶球是足球运动中的一项高级技术，适用于处理距离身体较远的平直球，在争取射门机会或化解门前危机时具有独特优势。考虑到小学生好奇心强、身体柔韧性和协调性较好的特点，适合在基础训练中适当引入该技术的学习。

（1）动作要领

单脚或双脚用力蹬地，身体呈水平状态，向前跃出；双臂微屈稍前伸，双眼注视来球，利用身体向前跃起的前冲惯性，以前额正面顶球；顶球后身体保持背弓姿势，两手先着地，同时头颈稍仰起双臂屈肘，接着按胸、腹和大腿的顺序依次着地缓冲。

（2）技术关键点

准确判断来球路线和起跳时机，利用身体向前跃起的前冲惯性顶球。顶球后，严格遵循缓冲着地顺序，确保安全。

（3）常见错误

因惧怕而闭眼、缩脖，不敢主动顶球，即使勉强顶到球也软弱无力、效果不佳。顶球点判断不准确，未能触到球。

（4）纠正方法

先用体操垫铺在地上，进行无球练习，这样有利于运动员掌握动作要领，做到正确落地；掌握安全落地技术后再进行有球练习，要求运动员严格按照动作要领进行练习。

（5）注意事项

正式练习前必须充分热身，做好准备活动，重点活动腕、肘、肩等关节，以防发生事故。

第八节　假动作

一、　假动作的定义

假动作是指运动员在比赛中通过特定动作实施战术欺骗的行为，既是真实技术动作的前置铺垫，也是消耗对手体能、制造防守失误的有效手段，最终达到瓦解对方防守体系的目的，从而战胜对手。

二、　假动作的重要性

假动作是足球基本技术中一项不可缺少的战术性动作，能有效改变比赛节奏，起到如虎添翼的作用。

面对实力强大的对手，在被对方“压”着打时，若运动员运用假动作则可扭转被动局面，突破对手防线，扭转局势，由单边受压转为互有攻守。优秀运动员如梅西、C 罗及我国著名球员容志行均以精湛的假动作技术著称。

三、　假动作的基本形式

假动作可分为有球假动作和无球假动作。

有球假动作分为上体假动作和下肢假动作。

无球假动作分为跑位假动作、传球假动作、接球假动作、射门假动作和顶球假动作。

四、 假动作的训练方法

假动作训练主要分为有球假动作和无球假动作两大类。有球假动作包括上体假动作和下肢假动作：上体假动作要求运动员在控球时通过身体的虚晃来迷惑对手，使其失去防守重心，从而获得突破或传球射门的机会；下肢假动作则是利用腿部动作配合或不配合球的变向、变速，使防守队员难以判断，在抢断时机选择上出现失误。无球假动作则包括跑位、接应等无球状态下的欺骗性动作，通过虚晃跑位、假接真跑等方式扰乱防守队员的判断。以下将重点介绍这两类假动作的具体训练方法。

（一） 有球假动作

1. 带球突破虚晃假动作

（1）训练方法

运动员每人持球，向标志杆带球，距离标志杆约 1 米处时，左脚向左前方跨步（步幅适中），上体自然向左倾斜，随即用右脚外足背向右前方拨球，迅速衔接右脚内足背向前推球加速突破。

（2）动作要领

①虚晃时上体要向左倾斜。

②向右前方拨球力度适中，保持重心平稳跟进。

③由足外侧拨球变为内足背向前推球，动作衔接要快速连贯。

（3）动作要求

①运动员带球至标志杆前，跨步动作自然，步幅控制在合理范围。

②上体向左倾斜要自然大方，接着用右脚外足背触球体左侧中部，把球向右拨，拨球力量要控制好，不能用力太大。拨球太远，不利于

做下一动作。

③向右前方拨球后，左脚跟上，并立即用右脚内足背把球向前加速推动，动作衔接要快。

（4）常见错误

运动员带球至标志杆前向左前方跨步太大且不自然，用右脚外侧向右前方拨球，触球部位不正确，应该用右脚外侧触球体左侧中部，向右前方拨球，运动员往往触球后部、把球拨向对手造成失误。

（5）纠正方法

①教练员要讲解清楚，示范准确，还要强调易犯错误的关键点是触球部位不正确，不该触球后部，而应该触球左侧中部。

②在教练员督导下，让运动员按照动作要领多次练习即可取得成效。

③教练员请优秀队员示范展示，一方面可以鼓舞这名队员更加努力训练，做到精益求精；另一方面也可以使尚未掌握这项技术的队员通过观摩找到自己犯错误的原因，从而尽快改正错误，尽早掌握这项技术。

2．接球转身虚晃假动作

（1）训练方法

教练员向队员甲传球，甲迎球接球前先以左跨步配合上体虚晃，随即用右脚外侧向右接球完成半转身，用余光观察防守队员位置后，立即用外脚背加速带球突破。

（2）动作要求

①教练员传球后甲迎上接球时先向左侧跨一步，并虚晃上体，然后用右脚外背向外侧接球并转身，接着突然加速向前带球突破防守者。

②接球与突破动作须快速衔接。

（3）常见错误

接球转身和加速向前带球突破两个动作衔接不够快，被防守者跟上，当甲接球转身时球被防守者截获而造成失误。

（4）纠正方法

教练员在讲解、示范时，使得队员明白此动作的关键就是两个动作衔接要快，快是突破的成功之本，慢是失误之源。

3. 突然起脚打门虚晃假动作

（1）训练方法

带球推进至禁区前沿，在防守队员面前先做上体虚晃假动作，随即向右侧拨球，当防守队员重心移动出现空当时，立即完成射门动作。

（2）动作要领

虚晃后一拨球，守方闪出空当时立即起脚打门。

（3）动作要求

虚晃与拨球的动作衔接要连贯，射门动作要突然，让对手猝不及防。

（4）常见错误

①虚晃假动作不够逼真，未能有效调动防守队员重心，即未使守方闪出空当。

②起脚打门不够突然，采用大腿带动的大幅度射门动作，影响射门速度，而不是小腿快速摆动打门。

（5）纠正方法

①教练员讲解清楚，示范正确，使队员明确动作关键是虚晃假动作后，当守方闪现空当时，快速摆动小腿打门。

②队员练习时，教练员及时点评。

（二）无球假动作

1. 跑位假动作

跑位假动作是运用战术欺骗手段，通过虚晃跑位完成战术配合的重要技术。

（1）训练方法

乙传球给甲，防守者×贴身紧逼甲。当乙即将传球时，甲先迎上跑位接应，在乙传球瞬间，甲突然变向前插，乙立即直传，完成战术突破。（图 2-8-1）

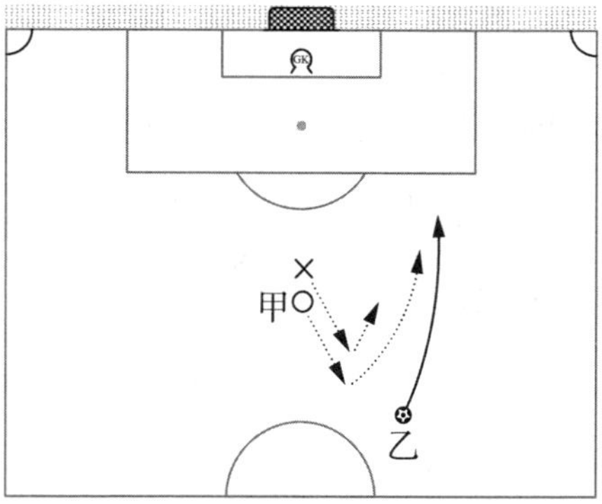

图 2-8-1

（2）动作要求

甲要准确判断传球时机，乙需把握最佳直传时刻，两人配合默契；甲迎上跑位要逼真，变向前插要突然，乙传球力度要适中。

2. 假射真漏跑位假动作

（1）训练方法

丙传球给丁，丁接球后快速沿边路下底，完成倒三角传中，丙向前佯装包抄，防守者×与之争抢，丙难以起脚打门，选择漏球给乙包抄打门。（图 2-8-2）

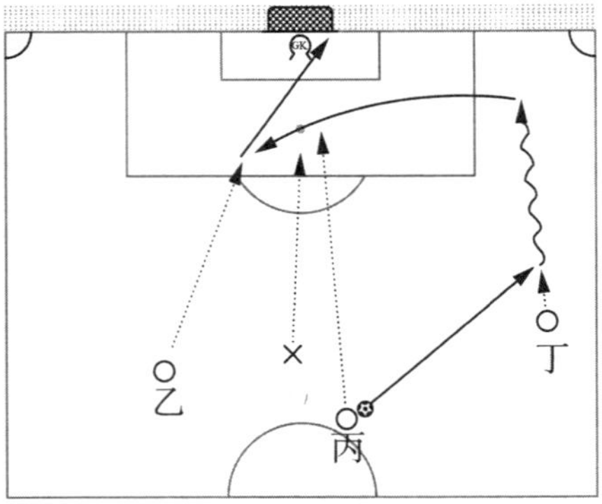

图 2-8-2

（2）动作要求

丁接球快速带球下底倒三角传中，丙包抄打门，因防守者×与之争抢难以起脚，同时又观察到乙已跟上，果断漏球给乙包抄打门。

3. 假传真漏跑位假动作

（1）训练方法

甲带球至禁区前沿，防守者×迎上，甲作出与乙进行“二过一”配合的意图，乙佯装接球实则漏过球给丙，丙传球给突破的甲。（图 2-8-3）

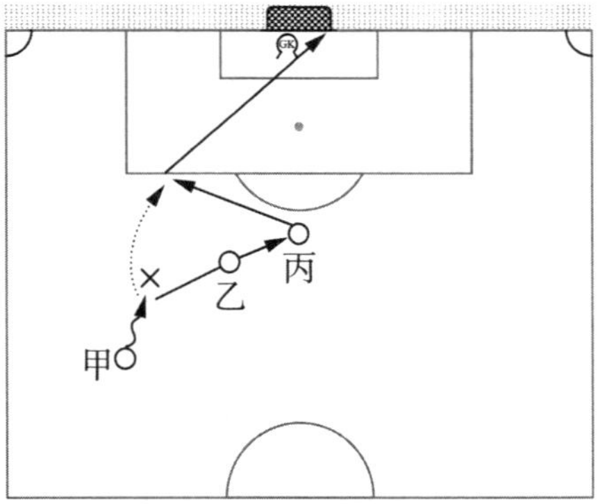

图 2-8-3

（2）动作要求

甲突破要坚决，速度变化要突然；乙佯装接球的动作要逼真自然；丙的传球要精准到位。

4. 假顶真漏跑位假动作

（1）训练方法

角球进攻站位，甲站前点抢头球拟顶球攻门，此时守方也来争顶，甲漏球给同伴乙攻门。（图 2-8-4）

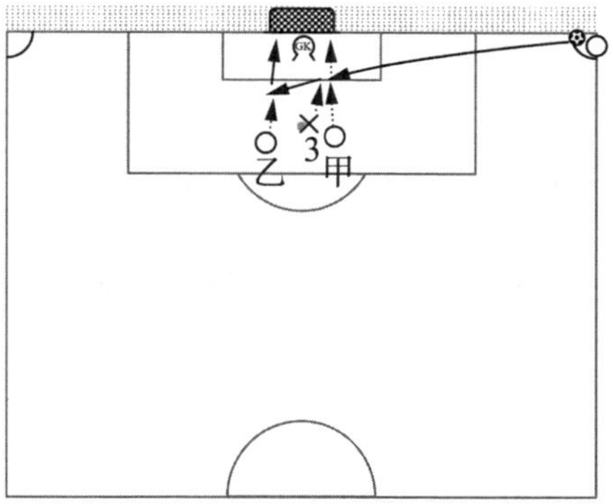

图 2-8-4

（2）动作要求

甲和乙配合默契，甲佯装顶球实则漏球的动作要逼真，乙的插上时机要准确；甲要判断防守队员位置，乙要保持移动寻找空当。

5. 假接真漏跑位假动作

（1）训练方法

甲从左路带球推进遇防守方阻截，向中路乙传球并前插，乙佯装接球实则漏给右路的丙，丙接球快速下底传中，甲、乙包抄完成射门。（图 2-8-5）

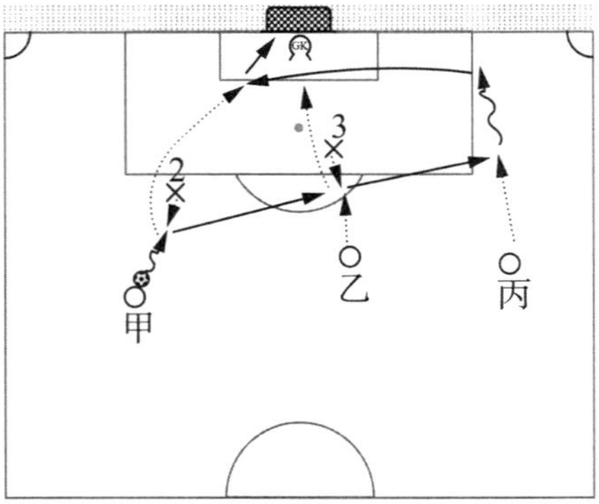

图 2-8-5

（2）动作要求

甲传球要准确有力，乙漏球动作要隐蔽自然，丙的下底传中要到位；甲和乙要有默契配合，乙要准确观察两侧局势，丙要及时起动利用空当。

第九节　界外球

一、 界外球的定义

界外球是指当球整体越过边线后，由最后触球方的对方队员将球投入场内恢复比赛的方式。根据足球竞赛规则，十一人制与五人制在界外球执行上存在显著差异：十一人制要求运动员用双手将球从出界点掷入场内，且掷界外球不受越位规则限制；而五人制校园足球则规定需在出界点用脚踢界外球恢复比赛，这种设置更有利于快速组织进攻。本书将重点探讨五人制校园足球和八人制校园足球中如何充分利用界外球规则展开有效进攻的战术方法。

二、五人制足球的界外球训练

（一）界外球进攻战术组织

1. 利用宽度进攻战术

（1）接应站位

进攻方 8 号球员拉边接应，10 号球员回撤形成支援接应点，3 号球员从拖后位置快速前插至左侧边线区域，形成多点接应态势。

（2）战术实施路线

①攻方 2 号发球员传给拉边的 8 号，防守方×3 号紧逼 8 号，10 号横向接应 8 号，与 8 号完成“二过一”配合突破防守方×3 号，8 号接球后威胁守方球门。（图 2-9-1）

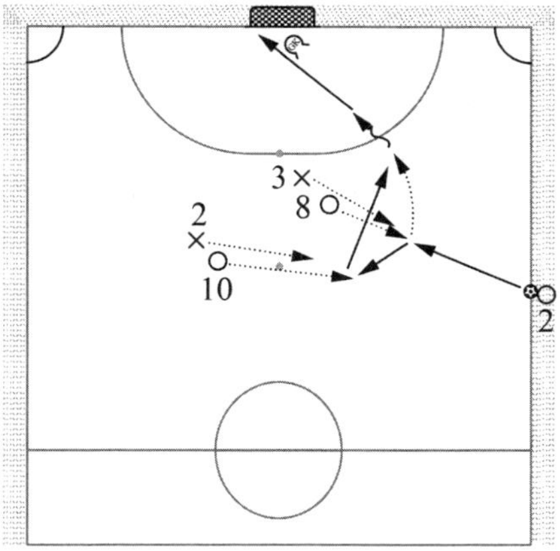

图 2-9-1

②攻方 8 号接应 2 号传球后不停球，直接传给 2 号，2 号快速带球下底传中，8 号和 10 号包抄打门。（图 2-9-2）

③2 号发界外球，8 号、10 号同时拉边接应，但 2 号则利用球场宽度长传给拉边插上的 3 号，此时×3 号前来盯防 3 号，3 号接到球和前来纾困接应的 8 号通过“二打一”突破×3 号，然后再带球下底传中，此时 8 号、10 号同时返身前去包抄打门，守方此时难以防御。（图 2-9-3）

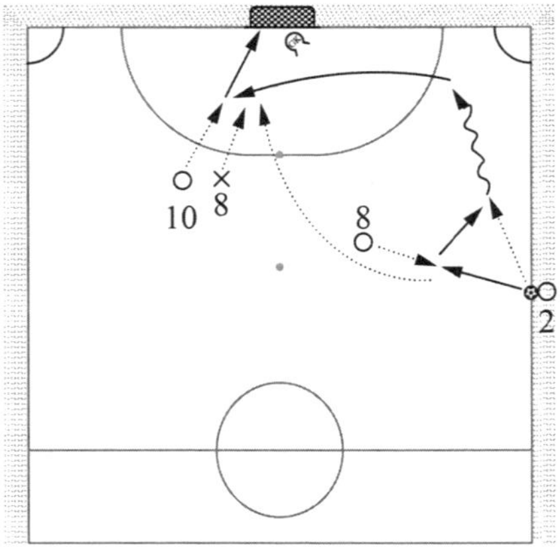

图 2-9-2

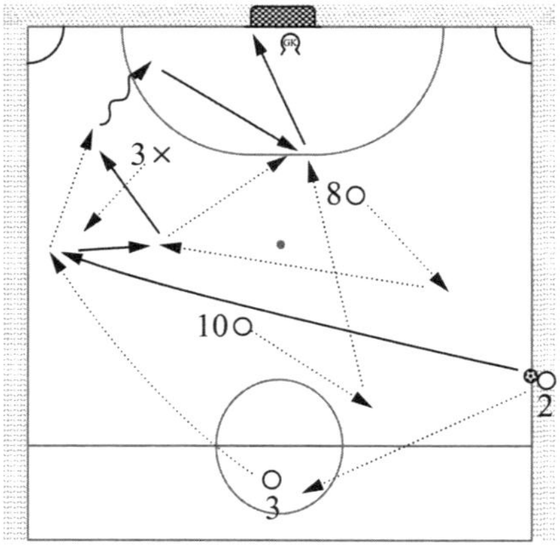

图 2-9-3

2. 利用高度直接攻门

目前，13 岁小学生有的身高已达 1.75 米左右，可利用这些鹤立鸡群的身高优势队员埋伏在门前。攻方发球员踢边线界外球直接给身高优势队员头球攻门。

3. 利用交叉换位组织进攻

攻方 8 号拉回接应 2 号踢的界外球，10 号斜插前点形成双前锋，8 号不停，直接回传给 2 号后前插，2 号再不停，直传给 10 号，10 号下

底传中，8 号包抄打门。（图 2-9-4）

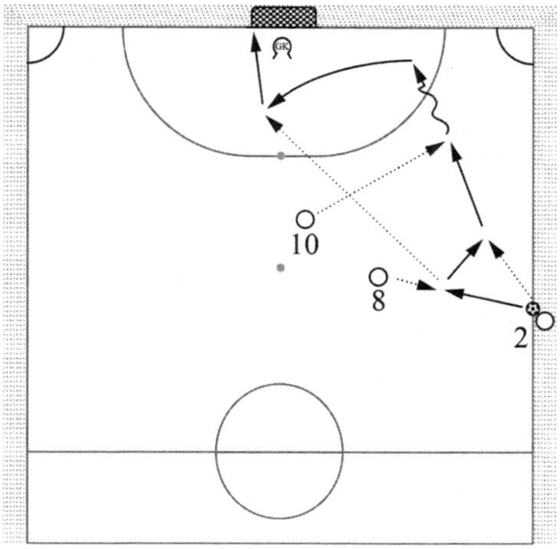

图 2-9-4

（二）训练方法

1. 包抄攻门 1

攻方 2 号队员执行界外球，准确传给沿边线插上的 3 号，3 号再传球给 10 号，10 号带球下底传中，3 号和 8 号包抄攻门。（图 2-9-5）

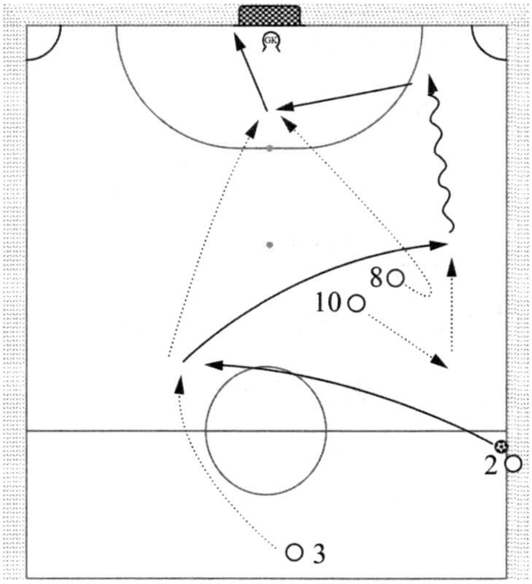

图 2-9-5

2. 包抄攻门 2

攻方 2 号队员在边线短传界外球给回接的 8 号，8 号佯装回带突然隐蔽性直塞给前插的 2 号。2 号下底传中，8 号和 10 号实施交叉跑位包抄，10 号漏球给 8 号打门，最后两人都要冲门补射。(图 2-9-6)

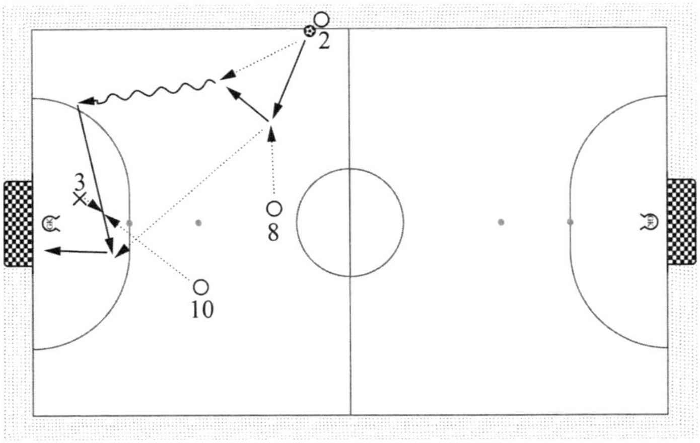

图 2-9-6

（三）注意事项

1. 利用“宽度”做好防守

当 3 号队员前插接应 2 号的界外球时，2 号完成发球后必须立即转入防守位置，重点盯防对方 10 号球员，预方对方得球后发动快速反击。

2. 限时踢出，不能直接射门

五人制足球规则规定，界外球须在 4 秒钟内将球踢出。踢前场界外球，运动员往往因无人防守就直接射门。故教练员应反复强调踢界外球不能直接打门得分。

三、八人制足球的界外球技术

（一）八人制足球的基本特点

八人制足球作为小学阶段从小场地（五人制）向标准场地（十一人制）过渡的重要形式，其规则具有以下特点：

①采用手掷界外球方式（同十一人制）。

②设有越位规则（同十一人制）。

③场地规格：长度 45—75 米，宽度 28—56 米。

④比赛人数：双方各 8 名场上队员。

（二）越位规则详解

越位判定标准：当进攻队员在对方半场，且在同队队员传球瞬间，比球更接近对方球门线，且与对方球门线之间不足两名防守队员。但下列情况可不予判罚：

①该队员不影响守方防守；

②该队员不去拿球而是远离来球。

（三）手掷界外球的技术要求

①掷球队员必须站在边线外（可站在线上但不得站在场内）。

②掷球队员双手持球置于头后，掷球时必须把球从头后经头顶向场内掷出（一次性动作，不得中途停顿）。

③掷球队员必须面向球场内掷球。

④掷球全程双脚保持触地，仅允许脚跟抬起。

⑤掷界外球时无越位限制。

（四）掷界外球的关键

①掷球队员与接应队员需建立战术默契。

②两名或三名接应队员要预先制订好协调配合方案。

（五）掷界外球的训练方法

1. 队员交叉换位跑动，打乱对方防守体系

（1）训练方法

当掷球队员双手持球于头后准备时，7 号队员先回撤接应吸引防守，此时 10 号队员突然前插×4 号与×6 号之间的防守空当接界外球。

（2）训练要求

①7 号与 10 号的跑位要形成交叉配合。

②10 号突然快速跑位摆脱×6 号盯防，前插×4 号身后空当，接掷来的界外球。

2. 接应队员不停顿，直接顶（敲）球回给掷球队员

（1）训练方法

守方紧逼盯抢，10 号回撤接应掷球，不停顿，用头或脚第一时间回做给 2 号，2 号不停顿或最多接一次球，立即直传给前插的 7 号展开进攻。

（2）训练要求

①2 号必须对准 10 号掷球，掷完球立即进入场内接应 10 号的回传球。

②2 号接到 10 号回传球后必须尽快向前直传给前插的 7 号，不能拖泥带水、让防守方抢到球。

③10 号、7 号和 2 号三人要配合默契。

3. 利用假动作掷界外球

（1）训练方法

2 号双手持球放在头后面向 7 号，佯装要掷给 7 号，5 号突然横向跑动接应，2 号转身掷球给用余光看到的 5 号，随后立即准备保护性接应。

（2）训练要求

①5 号和 2 号之间要有配合的默契。

②2 号掷完球必须立即跑到场内保护性接应 5 号。

第十节　守门员技术

一、　守门员的职责和战略价值

守门员是足球场上特别重要的位置，这是场上各队唯一可以用手接球（仅限禁区内）的队员。其职责是守住大门，不让对方把球踢进本方球门。同时他还要组织发动进攻，所以守门员是极为关键的球员，其作用举足轻重。有人称，守门员的作用相当于半个球队。

二、　守门员的基本条件

什么人能担任守门员？首先，要高大强壮。十一人制赛场的球门高 2.44 米，宽 7.32 米，没有一定身高，显然难以守住球门。五人制赛场球门宽 3 米，高 2 米，虽不像十一人制赛场要求守门员身高在 1.9 米以上甚至 2 米，但也不能太矮。一般来说，守门员是场上身材较高的队员，且要求身体强壮。所谓身体强壮，是指身体结实、有力量。同时，守门员还需要弹跳好、反应快。其次，心理素质同样重要。守门员必须具备勇敢顽强、沉着果断的意志品质。一个意志品质突出的守门员在球场上如果能以实际行动化险为夷，力保球门不失，这种表现不仅能鼓舞全队的士气，更能使全体队员在比赛中增强信心，激发能量，从而夺取胜利。

三、守门员的防守行动过程分析

守门员的防守行动过程可分为以下五个阶段：

（一）观察预判阶段

观察是防守的首要环节。守门员通过观察了解场情，从而在观察的基础上，分析场上的形势变化，例如观察对手的带球、传球配合、跑位等来判断对方的进攻意图，再如观察球的运行状态（包括球的飞行路线、速度和可能落点），为防守做好准备。

（二）准备起动阶段

双脚开立，膝关节微屈；双臂自然下垂，放在体侧，手指自然张开，手心向内；上体稍前倾，重心置于前脚掌，足跟稍离地。双眼注视来球方向，做好接球的准备，犹如弦上之箭，随时准备起动。

（三）移动选位阶段

守门员根据观察判断场上的形势变化，从准备状态转入行动阶段，进行相应的移动和选位。首先需要选择合理的站位，既要确保能守住球门，又要能在必要时快速出击拦截。通常应站在对手射门点与两侧门柱形成的夹角平分线上，距离球门线1—2步的位置。

守门员的移动主要包括平移侧滑步和前交叉步两种方式：

平移侧滑步适用于接两侧低平球，动作要领为：先用右（或左）脚用力蹬地，左（或右）脚稍离地面并向侧方滑步，右（或左）脚快速跟进。全程保持注视来球。

前交叉步便于蹬地跳起，适用于接高球或扑救，动作要领为：身体先向移动方向倾斜，同时右（或左）脚用力蹬地，并快速向左（或右）前方跨出形成交叉步，然后右（或左）脚迅速跟进；双脚依次快速移动后蹬地跃出。

（四）应对防守阶段

当对方持球展开进攻，尤其是将进攻推进到本方半场，甚至到禁区前沿时，守门员应密切关注对方的行动，做好正确判断，并随时准备采取恰当的行动，对于攻方各种射向球门的来球运用合理方式，如接球、扑救、击球、托挡等。

（五）攻防转换阶段

成功接住对方射门的来球后，守门员应迅速组织进攻：若发现有前锋前插或处于有利位置，应及时传球发动快攻；反之则根据场情把球传给有利于发动进攻的队员。

四、守门员的基本技术

守门员的技术体系可分为以下十大类：基础接球技术的接地滚球、接平高球和接高球，高级防守技术的扑接球、扑单刀球、拳击球和托球，以及进攻组织技术的掷球等。

（一）接地滚球

1. 动作要领

身体正对来球方向，膝关节适度弯曲，重心下移，放在前脚掌上；手臂自然下垂，手心对着来球方向，五指分开。在球滚来前，双手前伸迎接球；当手接触到球时，双臂带动肘部向后缓冲来球力量；当手接住球后，双肘内收，双手向上弯曲，把球抱至胸前。

2. 基本姿势

(1) 屈腿式

正对来球，两腿前后开立，前腿曲膝支撑身体重心，后腿膝盖弯曲向前腿靠近，呈半跪姿势，掌心向前，当手指接触球后，两肘内收并上弯，把球抱至胸前。

（2）直腿式

正对来球，两腿并拢直立，上体快速前屈，五指分开，掌心对准来球，手指向球，手指触及球后，两肘内收上弯把球抱至胸前。

3. 常见错误

①身体未正对来球方向，导致接球不稳而滑脱。

②接触球时手臂未向后缓冲来球力量，造成球滑落或球触手而反弹开。

4. 纠正方法

①教练员提示运动员接球时，身体正对来球方向，并反复练习直至基本掌握要点。

②教练员提示运动员按要领接球，当球滚来时双臂迎接球，当手触及球时手臂带动双手，向后缓冲来球。教练员示范标准动作让队员自己练习。

（二）接平高球

处理平高来球（高度介于腰部至肩部）时，守门员应保持身体正对来球方向，上体略微前倾。双臂自然弯曲，掌心向上前伸迎球。当手指触球后，手臂随球后撤缓冲，屈肘将球稳妥收至胸前。

（三）接高空球

处理高空来球时，守门员双臂上举，掌心正对来球方向，五指自然张开，双手拇指相对呈“八”字形。接球瞬间以手指和手掌前部触球，随后手臂顺势下引缓冲，最终将球稳妥收至胸前。

（四）扑接球

来球处于离身体较远的侧面，难以通过及时移动位置接球时，守门员可采取此技术。

1. 倒地扑接侧面低球

（1）动作要领

双眼注视来球，身体重心向下。扑接球时，异侧脚内侧发力蹬地，同侧腿曲膝迎球，上体顺势前倾下压身体，加速使重心向前移倒地，双臂同时迎球接球，用同侧手掌挡住球，同时用另一只手压住球，双手触球后，屈臂收抱球于胸前。倒地时按照小腿、大腿、臀部、肩部、手臂外侧的顺序依次缓缓着地。

（2）常见错误

①身体倒地下压不快，倒地速度慢，接不到球。

②倒地时，肘关节外展，易导致受伤。

（3）纠正方法

①先进行无球动作模仿练习，专注于倒地下压，提高其速度。

②跪地向两侧倒地练习，保持专注，使身体充分伸展。

2. 扑接空中球

（1）动作要领

扑球起跳时，同侧腿横跨半步，曲膝用力蹬地，身体跃出并带动两臂向球方向快速摆出，两手大拇指相对，手指自然张开，用手指和手掌接球；身体在空中有腾空过程，在空中基本上和地面平行；接球后应把球收到胸前，两腿曲膝团身，按照手臂、肩部、体侧、臀部、大腿、小腿的顺序依次着地。

（2）常见错误

①身体未能腾空跃出。

②曲膝时脚蹬地用力不足，身体未向外舒展开。

（3）纠正方法

①先进行无球动作模仿练习，强化手型、曲膝和夹肘动作。

②对墙自抛自接球，力求逐步做到跳至最高点接球，并做到顺势接球后抱于胸前。

（4）训练方法

①跪姿侧倒练习。双腿跪地，双臂高举，身体慢慢向重心一侧倾倒后着地，然后再做另一侧倒地练习。每侧 20 次为 1 组，完成 2 组练习。

②半蹲扑救训练。守门员保持半蹲准备姿势，守门员保持半蹲准备姿势，教练员在距离 3—5 米处手抛球或脚踢地滚球，守门员倒地后用手接。注意倒地时近球侧手掌正对来球，另一只手则下压住球，完成动作后立即收球团身护住足球。

③门线扑救训练。教练员面对站在球门线上的守门员，距离守门员 8—10 米，手抛或用足踢球于运动员两侧，形成地滚球，运动员进行扑救。要求球速由慢至快，教练员抛或踢出的球距运动员由近处逐步过渡向远点；每组左右侧各 10 次扑救，组间休息 2—3 分钟，每次训练完成 5—6 组。

3. 跃起侧扑空中球（含较远端地滚球）

（1）动作要领

准确判断来球方向和路线后，降低身体重心，身体向来球方向倾斜移动；靠近球侧的脚掌外侧用力蹬地，使身体腾空跃起，充分伸展手臂迎向来球，身体充分伸展，以“球”状手形将球接稳；随着身体落地，先屈肘，按照前臂、肩部、体侧和下肢的顺序依次落地，此时应曲膝团身护球。

（2）常见错误

①蹬地力量不足导致腾空高度不够。

②落地时身体整体下落，缺乏缓冲动作，易导致受伤。

（3）纠正方法

①垫上蹬地专项训练，专注靠近球侧脚掌外侧的发力蹬地练习。

②落地缓冲练习。使用体操垫进行保护，练习落地动作，严格按照前臂、肩部、体侧和下肢的顺序依次落地。

（五）扑接单刀球

1. 动作要领

当对方前锋形成单刀球时，守门员应先站在原地不动，观察对方带球，但重心要下移，随时做好出击扑球准备。当对手用脚推球的一瞬间，即对手的脚离球稍远时的一瞬间，立即向前倒地，并使身体横卧在地上，双手扑向来球。

2. 常见错误

①扑救时机判断不准确，过早或过迟出击。

②出击后倒地速度太慢，未能扑到对方脚下球而让球从身下滚进球门。

3. 纠正方法

①扑接球属于高难度动作，练习时必须由简到繁，先易后难，先练习简单动作，便于熟悉领会动作要领。

②教练员先慢速带球，让守门员体会出击的时间点，然后再提高带球速度，使守门员逐步体会正式比赛的出击时间点。

（六）拳击球

在门前激烈争夺空中球时，为了争取时间并及时阻截或破解攻门的高球，守门员常采用此法。

动作要领：正确判断来球的情况（如高度、速度、方向等），起跳时，屈肘，用手握紧的空拳置于肩侧。拳击球时，手臂迅速伸向球，用拳面击打球体。

（七）托球

在对方近距离射门时，特别是在禁区线附近，射门力量大、球速快且为高球（靠近门柱或横梁），此时可采用托球技术。

1. 动作要领

靠近球的一侧手臂伸出迎球。触球瞬间，手腕向上向后用力，手掌后部推动球，力求将球推向门柱侧面或横梁上方。

2. 常见错误

①判断来球不够准确，导致未能成功托到球。

②用手指托球，未能有效将球托过横梁或托向门柱外。

③落地时未做到团身曲膝，易导致受伤。

3. 纠正方法

①通过多次练习，逐步提高判断来球的准确性。

②教练员站在距离守门员 5—6 米处，用手抛球，要求守门员用掌后部托球。待守门员掌握要领后，教练员在禁区线内射门，让守门员按照要领托球。

③站位同②，先由教练员手抛高球，让守门员托球后，做到团身曲膝，最后过渡到教练员在禁区线内踢球射门，同样要求守门员托球后团身曲膝。

（八）抛（掷）球

这是运动员组织发动进攻的技术手段之一，特点是出球迅速、准确，但力量相对不足。

1. 动作要领

守门员接到球后，单手持球，上体前屈，将球引至身体后方。掷球时，重心移至后脚，蹬地转体，送臂将球投向目标。若掷高球，起始动作与掷地面球相同，但在转体送臂时，手臂的动作改为向上，从肩部及头部以上将球掷向目标。

2. 常见错误

①持球时未转体，未充分利用腰部力量掷球，导致球掷得不远。

②孩子年龄小，手臂力量不足，掷高球时，球可能从手中滑落，无法掷向目标。

3. 纠正方法

①使用实心球进行练习，特别注意转体和腰部发力。

②使用哑铃进行训练，以提高手腕力量。

③进行手指俯卧撑，增强手指力量。

（九）其他组织和发动进攻技术

守门员防守之外的一项重要任务，就是发动和组织进攻。除了使用手抛（掷）球外，守门员还需熟练掌握踢球、接球、带球和顶球等技术，以便有效地发动和组织进攻。

1. 正脚背长传球

（1）训练方法

两人一组，持一球，相对而立。甲站在球门区，乙站在中场，两人相距约 30 米。甲将长传球传给乙，乙接球后再长传回给甲。

（2）训练要求

两人进行长传球时，要求用正脚背或内脚背踢空中球。接球时，要求用正脚背或脚弓接反弹球，也可以用外脚背或脚底接反弹球。

2. 内脚背长传地滚球

（1）训练方法

三人一组，持一球。甲与乙、丙各相距约 25 米，乙与丙相距约 30 米，形成三角形训练阵型（如图 2-10-1）。甲长传地滚球给乙，乙接球后再回传地滚球给甲，甲再长传地滚球给丙，丙再长传地滚球给甲。

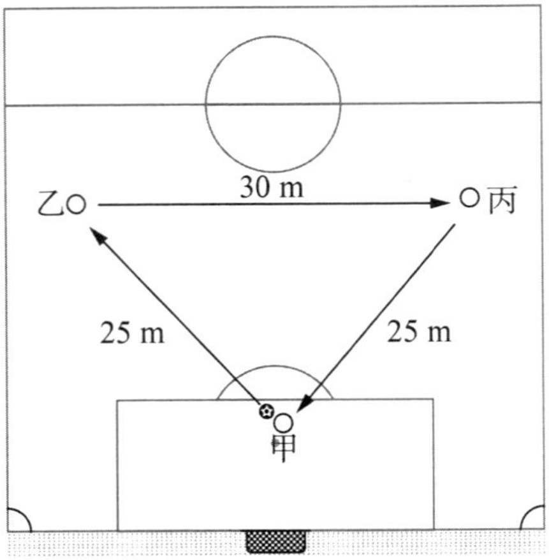

图 2-10-1

（2）训练要求

①三人长传皆要求用内脚背踢地滚球。甲长传给乙，乙接球时要求用左脚脚弓接，然后乙用右脚内脚背长传地滚球给甲，甲接球要求用左脚脚弓接，再用右脚内脚背长传地滚球给丙，丙要求用左脚脚弓接球，再用右脚内脚背长传给甲。

②三人接球时要求迎上接。

③传接球两轮后，三人按逆时针方向轮转位置练习，完成三次位置轮换。

3. 足弓传接球

（1）训练方法

三人一组，持一球。甲与乙、丙各相距约 20 米，乙与丙相距 25 米，形成三角形训练阵型（如图 2-10-2）。甲用右脚脚弓传球给乙，乙用左脚脚弓接球后，立即用右脚脚弓回传，甲用左脚脚弓接球后，用右脚脚弓传给丙，丙用左脚脚弓接球后，用右脚脚弓回传。

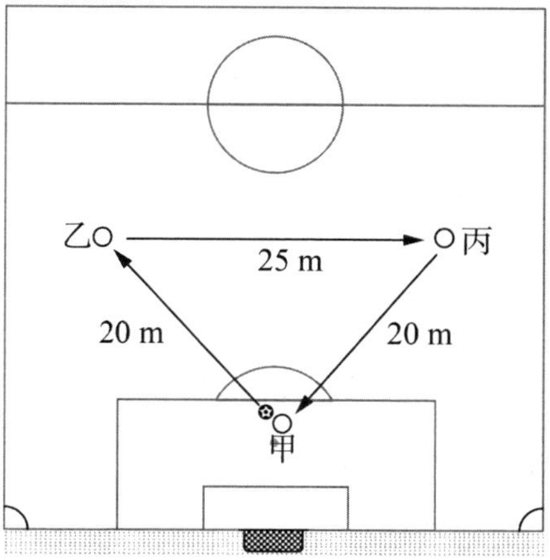

图 2-10-2

（2）训练要求

①三人传接球全部用足弓部位。甲用右脚脚弓传球给乙，乙用左脚脚弓接球后，立即用右脚脚弓回传，甲用左脚脚弓接球后，用右脚脚弓传给丙，丙用左脚脚弓接球后，用右脚脚弓回传。

②传接球两轮后，三人按逆时针方向轮转位置练习。完成三次位置轮换。

③每次轮转后，传接球改用右脚接左脚传。

4. 脚背内侧长传与胸部接球组合训练

（1）训练方法

三人一组，持一球。甲与乙、丙各相距约 30 米，乙与丙相距约 40 米，形成大范围三角形站位。甲长传过顶球给乙，乙接球后再回传给甲，甲接球后再长传给丙，丙接球后再长传给甲。

（2）训练要求

①甲、乙、丙必须使用脚背内侧完成过顶长传。

②接球时要求用胸部接球，再用右脚外脚背接反弹球，最后再用

脚背内侧长传球给下一人。

（十）踢、接、带、顶综合技术

1. 踢、接、带组合

（1）训练方法

如图 2-10-3 所示，4 号队员回撤接应，遇×2 号逼抢时长传球给守门员，守门员接球转身向异侧方向带球。

此时守门员有四种传球路线：

①横向长传给拉边接应的 2 号；

②短传给拉回接应的 6 号或 8 号；

③长传过顶球给横向扯动的 9 号；

④长传给拉回接应的 7 号。

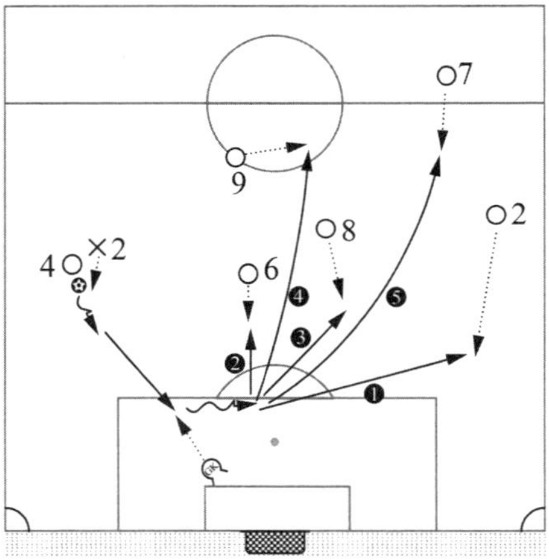

图 2-10-3

（2）训练要求

①4 号用脚背内侧长传球给守门员，守门员要迎球接球，用外脚背接球，接球转身动作一气呵成。

②守门员转身后带球，可以长传地滚球给拉边接应的 2 号，也可以

用足弓传地滚球给拉回接应的 6 号或 8 号。

②长传过顶球给 9 号或 7 号时用脚背内侧。

2. 出击头球解围

(1) 训练方法

如图 2-10-4 所示，对方长传至本方半场，球越过本方后卫线。对方×7 号和×10 号快速冲刺到前场争抢球，企图得球攻门。守门员视场情果断出击，冲出禁区将来球顶给回来争抢的防守同伴解围。

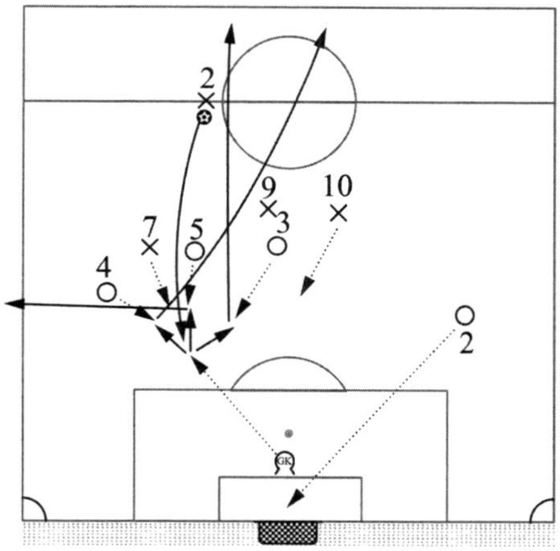

图 2-10-4

(2) 训练要求

①守门员冲出禁区争抢来球的第一落点，把球顶给回防的 4 号，后者应尽快争取球不落地半转身，将球踢向对方半场。

②守门员也可将球顶给回防的 5 号，后者应及时将球踢出边线外解围。

③守门员也可以用侧额甩头将球顶给 3 号，后者及时半转身将球踢向对方半场以解围。

④守门员冲出禁区争顶球时，2 号应及时跑回球门防止对方得球吊

打空门。

⑤守门员冲出禁区把球顶出去后，应立即快速跑回球门防止对方得球吊打空门。

3. 充当最后一名后卫，参与中后场传控球

（1）训练方法

守门员可在禁区内也可跑至禁区外，甚至到中场担当最后一名后卫，与其他中后场同伴共同传控球。

（2）训练要求

守门员活动范围覆盖整个后场；脚法精细，无论短传、长传，任何一种脚法都要求很娴熟。

第二部分　实用技术和创新技术

足球实用技术和创新技术是在基本技术基础上发展而来的，是比赛中实用性很强的高阶技术类型。

第十一节　实用技术

一、 实用技术的定义和分类

一般来说，实用技术多是二元、三元或多元的组合技术，包括控球技术、接带突破技术、高级踢球技术和头顶传球及解围技术等。

二、 控球技术

控球技术包括个人和集体控球技术。

1. 个人控球技术

指运动员在一名或多名对手围抢下保护好脚下控制的球的技术。方法是运动员借助假动作和娴熟的脚上动作，带球和运用假动作不断变向、变速时把球始终控制在自己可控的范围内，随时可以处理球。

2. 集体控球技术

指两人或两人以上通过跑位、摆脱接应和传接球配合把球控制在本方一边。

三、 突破技术

突破技术是指接球与带球动作连贯完成，通过个人能力打破攻守平衡，创造进攻机会的关键技术，分为地面接带球突破和空中接带球突破。

1. 地面接带球突破

地面接带球突破技术分为迎面接带球突破和背身接带球突破。

在面向对方球门时，对方传球失误或本方同伴回传球，此时对方球员正好在身旁时，运用此技术。

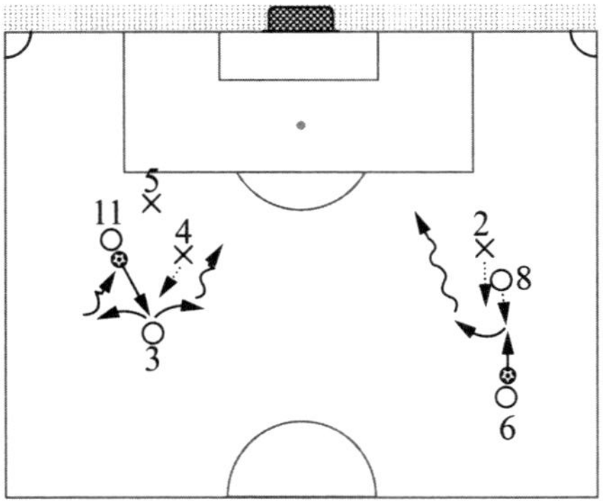

图 2-11-1

(1) 迎面接带球突破

如图 2-11-1（左）所示，3 号运动员面向对方球门时，对方传球失误或本方同伴 11 号回传球。此时对方防守队员正好就在身边，3 号可运用此技术。左侧 11 号回传 3 号地滚球。正好×4 号在面前，3 号可以用右脚外侧接球后立即加速突破×4 号，也可以用左脚外侧接球后立即用左脚内侧加速带球突破×4 号。

（2）背身接带球突破

如图 2-11-1（右）所示，6 号传球给 8 号，8 号迎上用右脚外侧接球同时转身，并立即用脚外侧加速突破×2 号。

2. 空中接带球突破

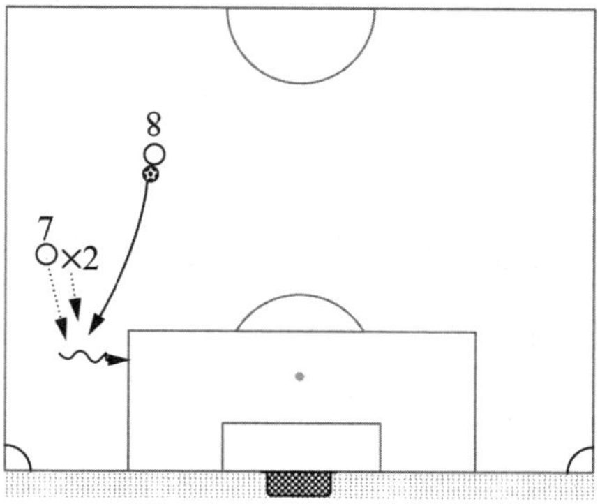

图 2-11-2

如图 2-11-2 所示，8 号传空中球给跑动中的 7 号，7 号奔跑途中可以用脚背接空中球。×2 号奔跑回追逼抢。7 号可以选择让球落地一次后控球，也可不落地在空中挑球越过×2 号。

四、 高级应用技术

关于高级应用技术在前文已介绍了转身踢球、凌空踢倒钩球、鱼跃头顶球，这里再介绍两种高级应用技术。

1. 凌空射门

这是一种高级足球技术动作，也是有力的得分武器。在比赛中，这项技术由于射门力量足、起脚突然，往往能取得出人意料的效果。20 世纪 50 年代，老一辈选手孙锦顺（外号“孙铁腿”）便擅长此技。

1961 年 9 月某日，笔者在当时的南京市五台山体育场（现江苏省五台山体育中心）亲眼见过孙锦顺表演这一绝技。当时，一名运动员从右路带球下底传中，孙锦顺在禁区前沿左侧判断出球的落点，迅速跑至禁区内，一脚凌空射门，皮球应声入网。

该技术的关键是：运动员要准确判断来球的飞行路线和落点，两眼注视来球，身体侧对来球方向，支撑腿向前跨出稍大一步，脚尖对准出球方向；上体略向支撑腿一侧倾斜，踢球腿的大腿抬高至几乎与地面平行，然后由大腿带动小腿迅速向出球方向摆动，用脚背正面击打球的后中部。在摆腿击球过程中，身体要随之向出球方向扭转；踢球瞬间，双眼始终注视来球，身体则正对出球方向。

2. 头顶摆渡与解围

头球摆渡是进攻中的重要手段，关键在于判断好球的落点并抢先顶到球。具体方法是：用前额的左侧或右侧将球向两边摆渡，也可以用前额将球向后顶蹭。这种方法在攻方发角球时应用较多，通常由埋伏在前门柱的运动员将球向后顶蹭，传给队友再抢点射门。

在防守中，头顶解围也是一种被广泛采用的重要技术。防守队员需准确判断来球情况，并果断起跳，用前额将球顶出危险区域，及时化解对方攻势。

第十二节　创新技术

创新技术是指在基础动作的熟练掌握之上，运动员通过不断探索、组合与变化形成的实战应用型高级技术。这类技术往往结合控球、变向、节奏变化等要素，使防守者难以预判和应对。以下列举几项具有代表性的创新技术及其实际运用实例。

一、 齐达内马赛回旋技术

这项技术由法国球星齐达内广泛运用于比赛，是一种集转体、护球、变向于一体的高效突破技术。

动作要领：带球遇防守者时，齐达内先用一脚踩停皮球并顺势转身，身体背对防守者，随后换脚用前脚掌将球向另一侧拖拉，完成约 180 度转体，再半转体并加速带球突破。

技术特点：动作流畅连贯，变化突然，有助于在狭小空间内摆脱防守。

二、 克鲁伊夫内扣转身技术

荷兰球星克鲁伊夫在 1974 年世界杯上多次运用这一动作，成为全攻全守战术体系中的核心技术之一。此次赛事中，以克鲁伊夫为首的荷兰队运用全攻全守的新打法，震惊世界足坛。他独创的内扣转身技术几乎令对手无法防守，后被称为“克鲁伊夫内扣转身”。

动作要领：球员在带球突破遇阻时立马用右脚内扣转身，从其左侧突破对手。一般人扣球时是把球向异侧腿方向扣球，而克鲁伊夫扣球则是使球向异侧腿的后方突破，从而使对手无法抢到球，即使只是想碰球也难以做到。

技术特点：利用对手判断的失误实现突破，适用于快速变向脱离防守。

三、 梅西背身虚晃转身突破技术

2022 年卡塔尔世界杯四分之一决赛中，梅西在对方禁区右侧边线区域运用这一动作，成功助攻队友得分。

动作要领：梅西在背对防守球员时，通过身体重心虚晃和脚步假动作迷惑对手，迅速转身带球切入禁区，并完成传中。

技术特点：运用背身控球、假动作与突然变向相结合，适用于边路突破。

四、 贝利空中接挑射技术

1958 年世界杯，“球王”贝利在对阵瑞典队的比赛中展现了这项技术，至今被誉为经典。

动作要领：面对队友的长传，看到跑来阻截的对手，贝利不等皮球落地，直接用脚背将球挑过迎面防守球员，随即凌空起脚射门。

技术特点：强调时机判断与连续动作的节奏控制，适合快速反击中使用。

五、 容志行虚晃接球转身突破技术

20 世纪 80 年代，中国球员容志行以灵活而娴熟的控球技术和假动作著称，常以一己之力完成全队由守转攻的推进。

动作要领：接球瞬间结合虚晃动作迷惑对手，迅速转身带球推进或传球。

技术特点：适合中场组织或从容应对高压逼抢，讲求节奏感与假动作的逼真度。

六、 接拖拉拨扣推多元突破技术

这项技术是由多种基础动作组合而成的创新型突破技术，强调连续动作的衔接与节奏掌控。竹山小学队就有一名小队员葛轩睿能熟练运用这项技术，他常常在赛场上运用这项技术突破多名防守队员而获得射门机会。

动作要领：接到队友传球后，球员用右脚脚弓将球回拉控制；紧接着左脚向后拖球并完成转身面对防守者；随后用右脚外侧将球向侧前方拨出，制造出突破空间；最后用右脚内侧将球向前推动，加速完成突破。

技术特点：动作要求衔接快速紧凑、节奏清晰。特别适用于在边路或中路遇到贴身防守时，通过灵活的身体与控球配合实现快速脱身。全程抬头或用余光看对手。

第三章　足球比赛战术

众所周知，足球运动的技术水平提升依赖于四个关键因素：身体素质、技术能力、战术运用和心理素质。身体是基础，技术是灵魂，战术是手段，心理是保障。本章将重点讨论战术，内容包括：战术概述、战术意识、阵型与队形、战术原则、比赛中的进攻战术、比赛中的防守战术以及定位球战术等。

第一节　战术概述

战术是球队整体实力的重要组成部分。作为球队的领导核心，教练员应高度重视战术的制订与应用。一支球队战术运用是否得当，既取决于场上球员的执行能力，也依赖于场外教练的临场指挥水平。

一、战术的定义

“战术”一词，从字面来看，“战”意为战斗，在足球中指的是比赛；“术”即方法或技巧。因此，所谓“战术”，就是球队领导（领队与教练）根据对手和自身的具体情况，为了赢得比赛而制订的一整套应对方案。

二、战术的作用

运动员的身体素质和技术水平是战术得以实施的基础，心理素质是保障，而良好的战术素养（战术意识）则是赢得比赛的关键。由身体、技术、心理和战术构成的整体实力，是决定一支球队能否获胜的重要因素。

然而，比赛的胜负并非完全由实力决定。实力强的球队有时也会输给实力较弱的对手。其中一个关键因素就是战术运用是否得当。例如，1952 年奥运会冠军匈牙利队，拥有普斯卡什、希代古提和柯奇士等世界级球星，在当时通过运用四前锋阵型击败了风靡世界近百年的 WM 阵型，展现出强大的实力。但在 1954 年瑞士世界杯决赛中，匈牙利队却“意外”地以 2∶3 败给了联邦德国队。其关键就在于联邦德国队主教练绍恩临场指挥得当，球员战术执行到位，从而以整体战术优势弥补了实力的差距，最终捧得冠军奖杯。

三、战术的内容及分类

战术的内容主要包括以下几个方面：战术素养（意识）、排兵布阵（阵型布置与队形安排）、攻守原则、攻守打法等。

第二节　足球战术意识

一、 足球战术意识的定义

战术意识是足球战术体系中最核心的组成部分。运动员在比赛中的每一个动作、每一次决策都离不开战术意识的指引。意识指导行动，行动反映意识。所谓足球战术意识，是指运动员对足球运动内部规律的认识与理解，具体表现为对比赛态势的感知、判断、决策及应变能力。

"意识"一词源于哲学与心理学领域。在哲学范畴中，意识是人脑对客观现实的能动反映，是人类认识活动的总和。它涵盖感觉、知觉、思维等多种心理活动形式，其中以思维为主。因此，意识既是一种认知，也是一种判断与决断，更是一种能力的体现。

足球战术意识则是这种能力在足球比赛中的具体体现。它是指运动员依据场上攻防态势，自觉选择并灵活运用技战术手段的瞬时决断能力。具备良好战术意识的球员，能够迅速感知局势变化，随机应变，制订合理的行动方案，并与队友进行默契配合，最大限度地发挥自身技战术特长，从而达到克敌制胜的目的。

二、 足球战术意识的主要内容

足球战术意识主要包括以下六个方面：个人进攻战术意识、个人防守战术意识、局部进攻战术意识、局部防守战术意识、集体进攻战术意识和集体防守战术意识。此外，战术意识还体现在运动员对带球突破、传球、射门、选位、补位、抢截等关键技术环节的判断与应变能力上。

（一）个人进攻战术意识

个人进攻战术意识包括跑位意识、接应意识、摆脱意识、控球及带球突破意识、传接球配合意识和射门意识等。以下重点介绍4种个人进攻战术意识。

1. 跑位意识

良好的跑位意识是组织有效进攻的前提。当对方防守严密、难以直接突破时，攻方球员应通过积极合理的跑位制造空当，打乱对方防线，创造传球和射门机会。例如国脚武磊具备出色的跑位意识，常凭借对比赛态势的敏锐判断，抢在对方后卫之前半步进入空当区域，接应队友传球，形成对球门的直接威胁。

2. 控球及带球突破意识

球员应根据场上形势合理把握控球与带球突破的时机，敢于利用技术强行突破防线，创造进攻机会。尤其在对方禁区附近区域，灵活运用带球突破技术，如突破后制造犯规赢得点球，常常能收到出其不意的效果，如荷兰的克鲁伊夫、阿根廷的梅西和马拉多拉、法国的姆巴佩都是这方面的高手。

3. 传接球意识

良好的传球意识体现在传球时机、目标和力度的准确把握上。能够及时、准确地将球传给处于最佳位置的队友，是衡量传球意识的重要指标。接球意识则表现为接球后能迅速作出合理判断，选择最佳处理方式，保持进攻的流畅性与威胁性。

4. 射门意识

射门意识主要表现为能否准确把握射门时机、选择适当的射门方式，以及是否具备二次补射的准备。同时，强烈的进球欲望也是评判射门意识好坏的重要标准之一。

（二）个人防守战术意识

个人防守战术意识包括选位意识、盯人意识、抢截意识和保护与补位意识。

1. 选位意识

选位是防守的基础，是盯人、抢截和补位的前提。合理的选位能有效封锁对手的进攻路线，既便于限制对手，又有利于保护队友，同时不留下被对方利用的空当。良好的选位意识来源于对比赛局势的准确判断及位置选择的合理性。最佳选位即是便于防住对手、便于保护同伴且不给对手威胁本方球门机会的最佳站位地点。

2. 盯人意识

盯人是防守的关键环节。球员应根据对手的技术特点、移动速度和个人能力，合理选择盯人距离和方式，如封堵、紧逼、“盯内放外”等，最大限度地限制对手的发挥。

3. 抢截意识

抢截意识要求球员能迅速判断攻守局势，结合对方控球能力、自身抢截技术以及局部力量对比和抢截区域等因素，果断作出决策。高水平的抢截意识体现在抢截时机的准确把握和行动的果断果敢，并善于根据全队防守战术和自己的实力，最大限度地发挥出自己的抢截能力。

4. 保护意识和补位意识

良好的保护意识体现在能准确判断攻守局面的发展变化和队友的抢截效果，能根据不同区域抢截同伴与对手的特点和类型，及时合理地保持与抢截同伴的保护距离和角度。一旦抢截失败，保护者应迅速转换角色成为第一防守人。同时，还要通过语言呼应、位置轮换等方式提高防守效率。

补位意识是保护意识的延伸，指球员根据比赛需要，在他人空位出现时及时填补，保持防线完整，是高水平运动员必备的战术素养。

（三）集体进攻战术意识

意识指导行动，行动反映意识。运动员在比赛中的每一个行动都离不开战术意识的指引，也就是说，战术意识是运动员在比赛中每一个行动的“指挥员”。集体进攻战术意识包括运用进攻的纵深意识、进攻的宽度意识、进攻的渗透意识、进攻的应变意识，保持合理的局部与整体进攻队形的意识，以及有效控制整体进攻节奏的意识。

（四）集体防守战术意识

集体防守战术意识包括运用防守基本原则的意识，即防守时的延缓意识、平衡意识、收缩意识、控制意识，保持防守局部与整体队形合理性的意识，以及有效控制整体防守节奏的意识。

三、足球战术意识的训练方法

战术意识的形成并非一朝一夕，需要在系统训练中逐步培养。总体而言，可归纳为“三多训练法”，即多看、多讲解与示范、多操练。

多看：通过观看高水平比赛，增强运动员对战术的直观感受。应组织队员观看中超联赛、欧洲五大联赛、欧洲杯、美洲杯等赛事，尤其不能错过四年一度的世界杯。重点比赛应进行录像保存，便于反复观摩学习。

多讲解与示范：对比赛中的最佳跑位、带球突破、传射配合以及防守中的协防与站位等典型战术场面，教练员要结合实例反复讲解并亲自示范，帮助运动员将感性经验上升为理性理解。

多操练：在日常训练中加强有针对性的情境模拟与反应训练，通过不断操练强化运动员的意识反应速度，使运动员将战术意识内化为比赛中自动化的行为决策，实现从“懂”到“会”的转化。

（一）足球进攻战术意识训练

1. 进攻中的跑位意识训练

方法一：

（1）训练情境

如图 3-2-1 右上方所示，攻方 11 号球员纵深跑位具有一定威胁，但容易被防守方×4 号球员预判并及时盯防。

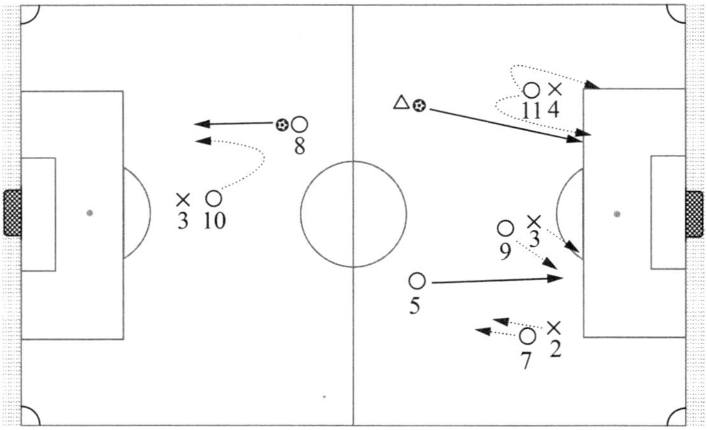

图 3-2-1

（2）训练要求

①攻方 11 号在接应传球后，需迅速由回撤接应动作转为向前纵深跑动，制造身后空当。

②防守方×4 号应尽可能提前作出判断，快速回跑，弥补身后空当。

（3）常见错误

①11 号反身起动不够突然或转身跑动速度不够快，导致被×4 号抢先完成回防。

②11 号回撤接应教练员△传球的“诡道跑位”太明显，被×4 号识破而先于 11 号回补身后空当。

（4）纠正方法

①教练员应明确提示并亲自示范，强调训练关键在于 11 号“突然转身并快速插入×4 号身后空当”。要求 11 号转身动作果断，起动迅速，必须抢在×4 号回防之前完成身后跑位。

②11 号为了不被×4 号识破自己的“诡道跑位”，在拉回接应教练员△传球后，应敢于带球突破×4 号，逼迫×4 号不敢不紧逼，增加其防守顾虑，从而提高身后跑位的成功率。

（5）训练评价

训练中，教练员要不断地讲评，多表扬运动员的长处与进步之处，同时要指出他们的不足之处，如转身跑动速度不快等，并告知具体改进办法。在指出队员不足时，语气应和蔼可亲，切忌急躁或使用粗鲁谩骂的语言。有些教练员会使用恶语骂队员，这不仅会伤害队员的自尊心，也有损教练员自身的形象。

方法二：

（1）训练情境

如图 3-2-1 右下方所示，进攻方 7 号回撤，接应 5 号传球，此时×2 号紧逼 7 号，留下身后空当，进攻方 9 号应斜插此空当接 5 号直传。对于×3 号而言，若转而防守 9 号，将暴露中路更大的防守空当。

（2）训练要求

当 7 号拉回接应 5 号传球时，×2 号紧逼跟防，其身后空当即产生。此时 9 号应立即斜插此空当。“立即”意味着 5 号、7 号、9 号三人间的高度默契，应通过系统训练培养三人的跑位配合意识。

（3）常见错误

①当 7 号回撤接应 5 号传球时，虽制造了×2 号身后空当，但因 9 号斜插时间不准确（过早或过晚），导致守方及时回补空当，失去进攻良机。

②当 7 号回撤接应时，×2 号未跟上紧逼，7 号接球后无奈，只得回传 5 号，进攻受阻。

（4）纠正方法

①教练员在训练中应多加讲解与示范，使运动员理解 7 号与 9 号跑位需联动配合，并与 5 号保持默契。

②若 7 号回撤接应而×2 号未紧逼，7 号应立即带球、敢于突破×2 号，或与 9 号进行“二打一”配合，以突破防线。

（5）训练评价

练习中，教练员要对队员表现进行及时评价。对于能按要求完成跑位、传接配合的球员给予表扬。对存在问题者，应及时指出不足。例如当 7 号回撤接球、×2 号跟上紧逼时，身后空当已现，9 号却未及时斜插，教练员应讲明错误所在，并强调 9 号斜插的时机是关键，“及时斜插”是战术意识训练的核心，插得过早或过晚都会导致战术失败。讲评时语气应诚恳友善，避免批评指责，以利于队员自信心和理解能力的提升。

2. 进攻中的传球意识训练

方法一：

（1）训练方法

如图 3-2-1 左部所示，10 号球员通过“二次跑位”（“诡道跑位”）制造空间，使×3 号防守难度增大。

（2）训练要求

10 号先做拉回接应 8 号传球的假动作，吸引×3 号上抢，然后突然反身前插，8 号此时需精准直传，令×3 号措手不及。

（3）常见错误

10 号与 8 号之间缺乏默契，未能准确把握传球“正当时”。10 号回撤接应是假动作，反身前插为真实意图，8 号常常传球过早或过迟，错失良机。

（4）纠正方法

①教练员要反复讲解并示范，强调“正当时”传球的两个关键时点：一是 10 号拉回接应、×3 号跟上紧逼时；二是 10 号反身加速前插时。

②培养运动员对时机的敏感度，增强他们在传球配合中的意识和判断能力。

（5）训练评价

训练结束后，教练员应针对队员表现进行讲评。对领会要领、配合默契的队员予以表扬；对未能准确判断时机的队员，应耐心引导其找出问题症结。优秀的队员可请出示范，强化团队学习效果。

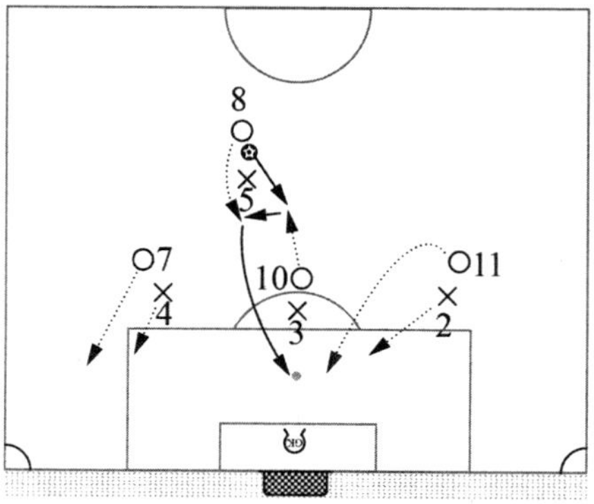

图 3-2-2

方法二：

（1）训练方法

如图 3-2-2 所示，8 号中场控带球，10 号拉出接应，并将球回传给 8 号。此时，8 号及时送出纵深长传，传给内切完成“二次跑位”的 11 号，构成极具威胁的进攻配合。

（2）训练要求

当 10 号拉出接应 8 号传球时，11 号需与 10 号、8 号保持默契配合：11 号先做回撤动作，诱导防守方，然后突然返身内切插入×3 号球员身后空当。此时，8 号须及时纵深长传，将球送至 11 号前插线路上，完成打穿防线的致命一击。

（3）常见错误

11 号回拉接应时被×2 号紧逼，随后突然内切插向×3 号身后空当，此时正是 8 号传球的“正当时”，但 8 号由于传球意识不足，未能及时出球，错失良机。×2 号回追成功，弥补了×3 号身后空当，使得进攻未能奏效。

（4）纠正方法

遇到上述情况，教练员应及时暂停训练，进行讲解与示范，强调比赛中“机会稍纵即逝”。务必使队员理解：当 11 号完成快速内切、突入×3 号身后空当时，8 号必须果断把握“黄金时机”，送出精准的纵深传球。无论过早还是过迟传球，都会错失良机。此刻正是培养运动员传球意识的最佳时机。

（5）训练评价

训练结束时，教练员应对球员表现进行评价，着重强调“时机感”的重要性。足球比赛中，战术意识，尤其是传球意识，直接决定进攻效果，一定要通过训练培养自己的传球意识。

3. 进攻中的射门意识训练

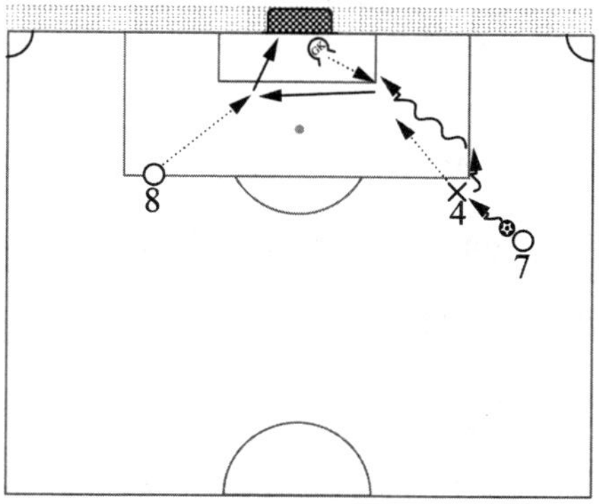

图 3-2-3

（1）训练情境

如图 3-2-3 所示，7 号球员带球突破防守方×4 号后，从 45 度角切入对方禁区，形成单刀进攻局面。此时，守门员出击封堵射门角度。

（2）训练要求

7 号切入禁区时，8 号球员快速向门前包抄。此时，7 号应根据场上态势，选择最佳处理方式——将球传给包抄到位的 8 号，由其完成射空门的得分。

（3）常见错误

7 号球员在此情形下往往直接选择射门，结果往往是球被守门员挡出底线，错失破门良机。

（4）纠正方法

教练员应及时暂停训练，进行讲解与示范，帮助队员理解此类情境的正确处理方式。可举例说明：如现役国脚武磊，早在 10 岁参加南京市小学生足球比赛时，面对类似局面就能准确判断形势，选择将球传给包抄球员完成破门。正是这种良好的射门意识，使他 11 岁时就被徐根宝选中，之后在上海足球体系中一路成长，最终成为国家队主力前锋。

（5）训练评价

训练结束后，教练员应对运动员的表现进行及时评估。对能够根据实战情境作出最佳决策的球员应予以表扬，并明确指出其决策契合足球运动规律。对处理不当的球员，也应善意指出问题所在，如是否观察不够、未注意到 8 号包抄，或因单刀机会而盲目执着于射门等，归根结底，是战术意识的缺失。通过不断训练与总结，球员应逐步提升观察能力与实战判断力，增强整体射门意识。

（二）足球防守战术意识的训练

1. 防守中的选位意识训练

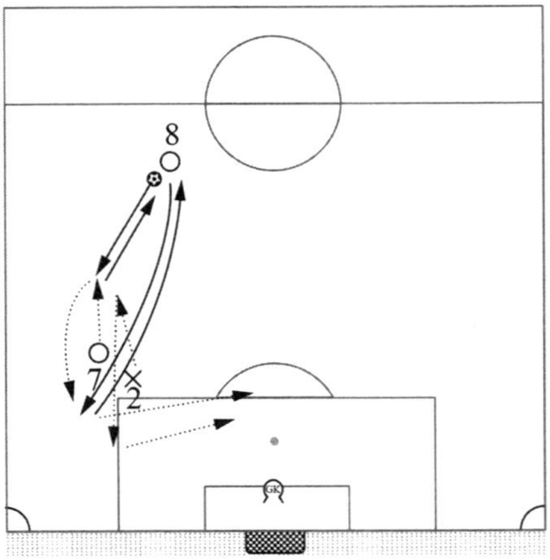

图 3-2-4

（1）训练方法

如图 3-2-4 所示，进攻方 8 号将球传给回撤接应的 7 号，防守方×2 号站位合理，使 7 号只能将球再回传给 8 号。随后 7 号外切至×2 号身后空当，8 号纵深直传。×2 号迅速转身，抢先占据 7 号与本方门将之间的位置，使 7 号即使接球后也无法完成突破，只能再次回传。此后 7 号改为横向跑位，×2 号紧随盯防，始终控制住对方的进攻路径。

（2）训练要求

无论进攻方 7 号是拉回接应、外切还是横向跑动，防守方×2 号始终要选好防守位置，确保自己处于 7 号与本方门将之间，阻断其突破路线。

（3）常见错误

×2 号防守意识薄弱，当 7 号外切准备接应 8 号纵深传球时，反应迟钝，转身回追不及时，导致 7 号下底传中，给球门造成直接威胁。

（4）纠正方法

教练员应暂停训练，进行讲解与示范。指出×2 号防守失败的关键在于未能做到“人球兼顾”。当 7 号回撤接应 8 号传球后再迅速外切，准备接应 8 号纵深传球时，×2 号若只盯球不观察 7 号跑位，就会错失防守时机。等到意识到 7 号已反切外插，已为时已晚。正确做法是，×2 号应在 7 号刚完成回传后，立即判断其二次跑位意图，优先回补身后空当，始终将自己置于对手与本方门将之间，形成有效拦截。

（5）训练评价

训练结束后，教练员应对队员表现进行总结，对能始终保持良好防守位置、体现出“人球兼顾”意识的队员予以表扬，并强调这一意识是防守选位的关键。

2. 防守中的抢截意识训练

（1）训练方法

如图 3-2-5 所示，进攻方 10 号接应 5 号的传球，防守方×3 号负责盯防 10 号。

（2）训练要求

①当 10 号接球时背对×3 号，后者应立即贴上紧逼，随时伺机进

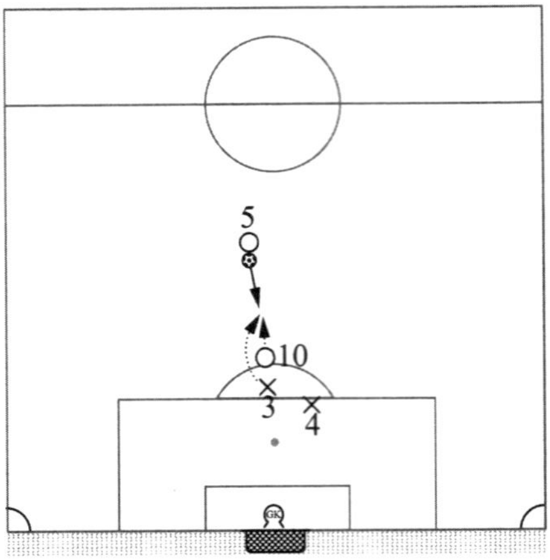

图 3-2-5

行抢截或破坏传球；

②若 10 号成功接球并转身面对×3 号，×3 号应迅速站好位置，密切观察对手下一步动作；

③若×3 号身后有队友提供保护，便可大胆紧逼，根据 5 号的传球意图、方向及力度，适时突然上抢，实施断球；

④若身后无人保护，×3 号则不宜贸然出脚，应拖延时间，等待队友回防协助，再伺机抢截。

(3) 常见错误

在无队友保护协防的情况下，×3 号贸然上抢，被 10 号轻松摆脱突破，导致球门陷入险境。

(4) 纠正方法

教练员应把训练暂停并讲解、示范，明确强调：若无队友保护协防，切忌盲目出脚。必须树立清晰的防守意识，即“等待同伴前来保护协防，才能伺机上前抢截”。

（5）训练评价

训练中，对于能正确判断形势、按要求完成抢截的队员，教练员应及时给予表扬；对盲目抢截、出现失误的队员，应以中肯、诚恳的语气指出问题根源，并讲清改进办法，强调防守抢截的关键原则是“无保护，不出脚”。

3. 保护与补位意识训练

方法一：

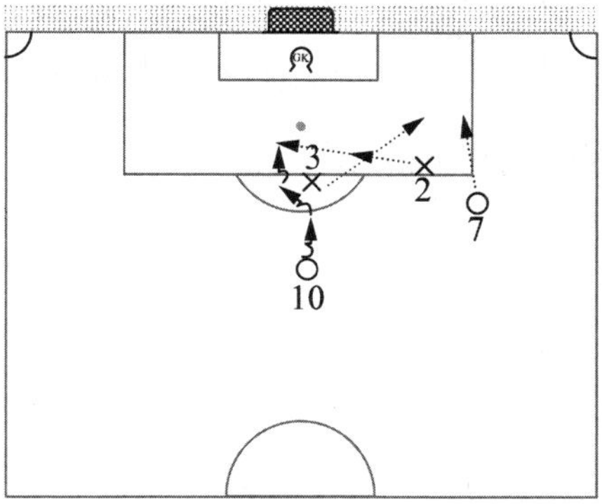

图 3-2-6

（1）训练方法

如图 3-2-6 所示，进攻方 10 号从中路带球进攻，防守方×3 号为第一防守人，×2 号迅速向中路靠拢并处于×3 号身后，形成保护与协防。

（2）训练要求

一旦 10 号突破×3 号，×2 号应立即进行交叉换位，顶上成为新的防守人，封堵 10 号；×3 号则交叉补位，盯防原本由×2 号负责的 7 号，从而形成防守联动。

（3）常见错误

当 10 号带球向×3 号进攻时，×2 号未能及时靠拢中路协防，而是一味盯防 7 号，导致 10 号突破×3 号后形成单刀，直接威胁球门。

（4）纠正方法

教练员应暂停训练，详细讲解并示范，强调：防守首要任务是确保球门安全。当对方从中路推进时，边后卫×2 号必须迅速内收协防，保护中路安全，即便边路暂时空出也不构成致命威胁。

（5）训练评价

训练结束时，教练员应总结指出：×2 号内收保护中路，目的是确保球门不失。即使攻方传球至 7 号，×2 号或×3 号仍可回补；且从边路射门角度较小，威胁远低于中路进攻。队员理解这一原则后，将有效提升整体防守的保护与补位意识。

方法二：

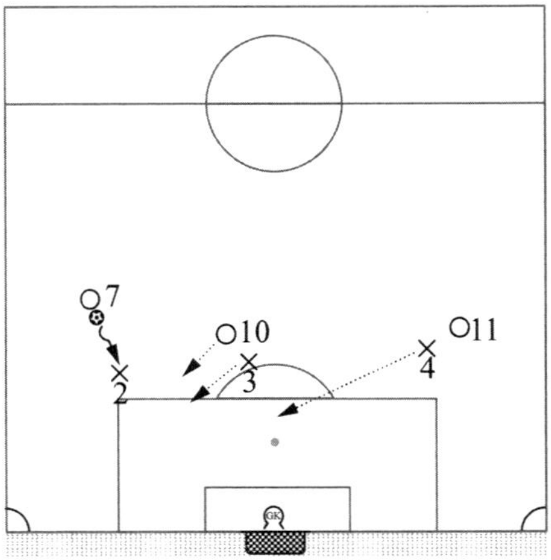

图 3-2-7

（1）训练方法

如图 3-2-7 所示，进攻方 7 号从右路带球，10 号靠拢配合，11 号在远侧拉开。防守方×2 号正面防守 7 号，×3 号需向左侧移位防范 10 号，并对×2 号形成保护；×4 号则迅速收缩中路，加强门前防守。

（2）训练要求

×3 在防守中必须“一心二用”：既贴防 10 号，又准备补防×2 号。一旦×2 号被 7 号突破，×3 号立即盯防 7 号，×2 号则换位至中路盯防 10 号；与此同时，×4 号内收封堵中路，暂时放空边路的 11 号。

（3）常见错误

×3 号未及时向左侧横移，导致 7 号和 10 号形成“二打一”，突破×2 号。×3 号此时才匆忙补位，7 号已成功下底传中，10 号跟进打门得手（如图 3-2-8）。

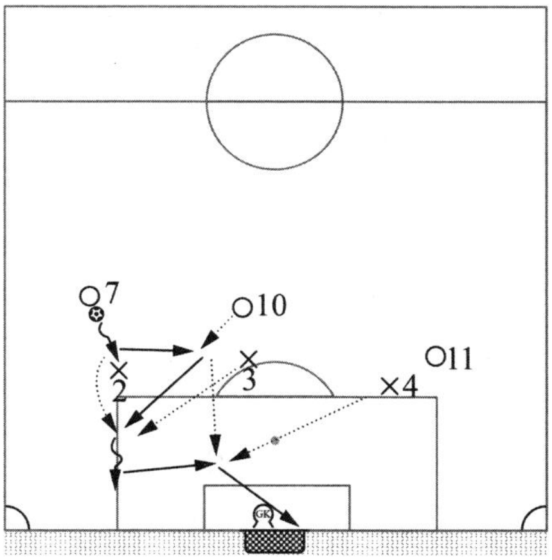

图 3-2-8

（4）纠正方法

教练员应强调：4 号尽早收缩到中路盯防 10 号，阻止其打门。即使 10 号再把球传给左路 11 号，此时×2 号和×3 号尽快收缩到中路，×4 号再返身去防守 11 号也不迟，防守方人数仍多于进攻方，有利于防守成功。

（5）训练评价

训练结束后，教练员应总结强调：“及时移位，交叉补位”是培养保护及补位意识的关键。此练习中，×3 号应主动移位，一方面紧贴 10 号，防止其与 7 号配合；另一方面若×2 号被突破，可第一时间成为 7 号的防守人，而×2 号迅速交叉换位至中路盯防 10 号，此时 4 号也应向中路收缩，重兵防守中路。队员们理解了这一点，保护与补位的意识也就提高了。

（三）集体进攻与防守战术意识训练

1. 集体进攻战术意识训练

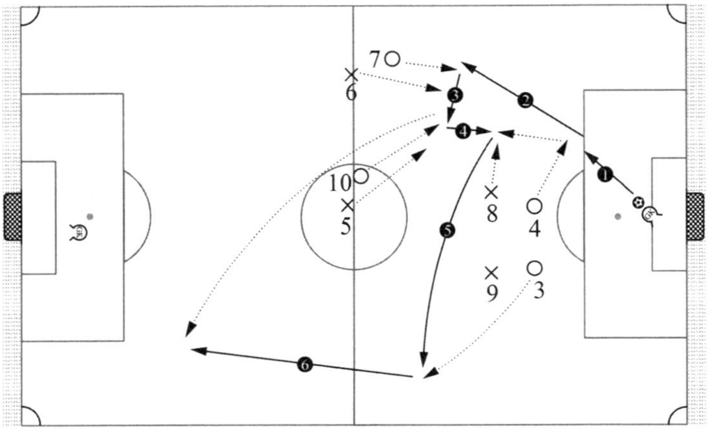

图 3-2-9

（1）训练方法

如图 3-2-9 所示，攻方守门员手抛球给拉边接应的 4 号，4 号传球给拉回接应的 7 号，7 号传球给前来接应的 10 号。此时对方×5 号、×6 号双人逼抢，10 号被迫回传给 4 号。对方×8 号随即回抢，4 号利用宽度果断长传给拉边插上的 3 号。3 号接球后抬头观察，发现 10 号已直插守方×5 号身后的空当，果断纵深直传给 10 号。10 号接球后即可向对方球门展开进攻。

（2）训练要求

①4 号在面对对方×6 号和×8 号的抢逼时，需提高控球能力，果

断利用宽度长传转移战场。

②10 号回传球后应及时跑位，直插×5 身后空当。

③3 号接球后必须抬头观察，准确发现 10 号的纵深跑位，果断送出纵深长传。

(3) 常见错误

4 号接到 10 号回传后，面对×8 号、×5 号和×6 号的三人围抢时控球不稳，球容易被抢断，导致后防线暴露，若 4 号接球后球被对方抢走十分危险。

(4) 纠正方法

①4 号要加强接球和控球能力，并做好与 10 号或 7 号打“二过一”配合的准备，争取自己突破。

②最佳方案是利用场地宽度，4 号长传转移球权给拉边插上的 3 号，再由 3 号纵深传球给前插对方半场的 10 号，将战场转移至对方腹地。

(5) 训练评价

必要时暂停训练，教练员应讲解示范，帮助队员认识到：当对方多人压迫本方半场，压力较大时，应具备“利用宽度”的战术意识，将球迅速转移至另一侧较空区域。充分利用对方后防空虚，打出纵深长传，是集体进攻的关键一招。

2. 集体防守战术意识训练

(1) 训练方法

如图 3-2-10 所示，4 号拉边接守门员手抛球，然后传给拉回接应的 7 号，其身后×6 号紧逼，7 号只得传给前来接应的 10 号，因×5 号也跟上逼抢，10 号被迫回传给 4 号。4 号周围有×8 号、×6 号和×5 号围堵，果断利用宽度转移，横传给拉边插上的 3 号。3 号接球后发现 10 号纵深跑位直插对方腹地，立即纵深长传给 10 号。10 号想发动快攻，边线传中给直插禁区的 7 号，但被及时回防的×6 号截获，攻防发生转换。

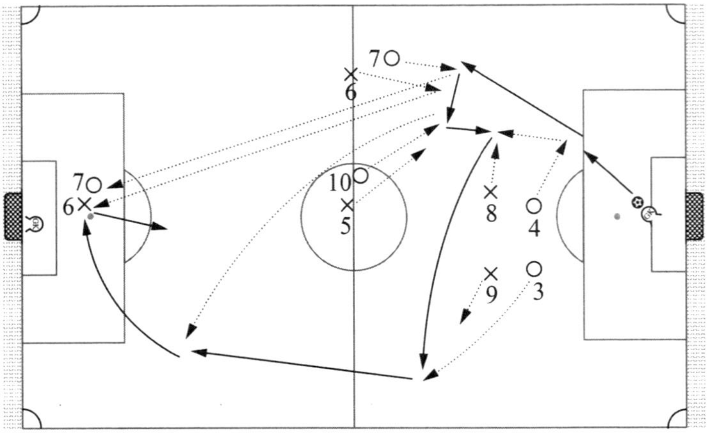

图 3-2-10

（2）训练要求

①距球近的 7 号要迅速向前抢截持球的×6 号，但不可猛扑，以免被晃过发动快攻。

②7 号应以封堵为主，延缓对方进攻速度。

③10 号应快速回防，确保本方防守人数达到 4 人（守门员、3 号、4 号和 10 号），实现人数平衡甚至优势，应对对方×9 号、×8 号、×5 号的三人快攻。（图 3-2-11）

（3）常见错误

10 号发动快攻时，可惜球被对方先回到禁区的×6 号截获，此时离球最近的 7 号上前去抢截对方持球的×6 号，往往被×6 号轻松晃过，×6 号立即传球给中场的×5 号，×5 号带球至前场，与×8 号、×9 号三人形成快攻至对方禁区前。此时本方后防只有 3 号和 4 号两人，处于明显劣势。

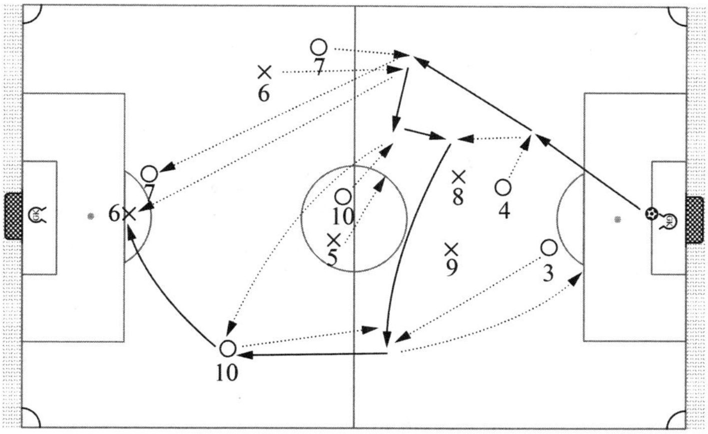

图 3-2-11

(4) 纠正方法

第一个上前抢截的 7 号非常重要，7 号抢截×6 号时，必须采取封堵策略，避免猛扑，迫使对方只能横传或回传，延缓进攻节奏，为本方组织稳固的防守体系赢得宝贵的时间。此时 10 号利用这段时间快速回防，参与防守体系建设，实现攻守双方人数平衡，甚至防守人数多于对方进攻人数。

(5) 训练评价

教练员通过讲解和示范，使运动员明白：转守为攻时，全队需重视集体防守意识；7 号抢截策略以封堵为主，延缓对手进攻，给队友争取回防时间。此方法是培养和增强集体防守意识的关键。

（四） 有效控制集体进攻节奏的意识训练

(1) 训练方法

如图 3-2-12 所示，5 号控球从中路开始发动进攻，此时守方严阵以待，队形整齐，无隙可乘。5 号先将球传给拉回接应的 7 号，后者接球后见无机可乘，再将球回传给 5 号。随后，5 号继续控带球，又将球

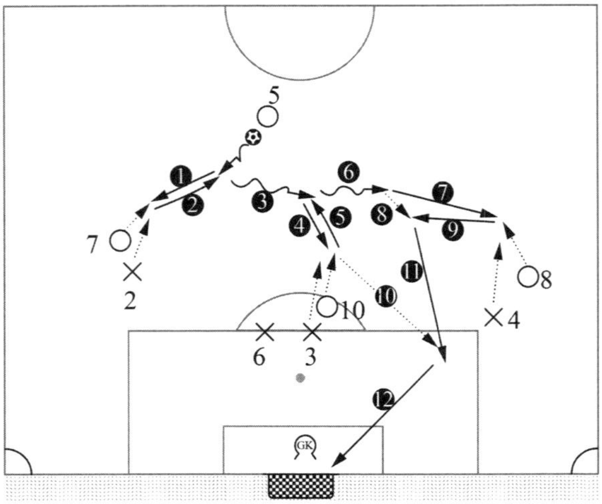

图 3-2-12

传给拉出接应的 10 号，10 号发现对方无意上抢，便将球再次回传给 5 号。此时，5 号将球传给前来接应的 8 号，8 号接球后转身，面对×4 号企图带球突破，×4 号上前逼抢，8 号则突然将球回传给 5 号。此时，×4 号身后出现空当，10 号立即前插至该空当区域，5 号及时将球传给前插的 10 号，完成突破。

（2）训练要求

①当守方严阵以待、防守严密、无隙可乘时，攻方应通过跑动制造空当，并通过传控球耐心等待时机。

②一旦通过跑动成功制造出空当，持球人 5 号应果断将球快速传向空当区域，发动快攻；此时，10 号应与 5 号有默契配合，及时跑动至空当接球，以撕开对方防线。

（3）常见错误

8 号回撤接应 5 号传球时，×4 号紧逼，身后出现空当，10 号未能及时插入该空当，或 5 号未能及时传球，最终导致错失战机。

（4）纠正方法

训练前，教练员应通过讲解和示范，使运动员明确本练习的重点是培养有效控制进攻节奏的意识。在场上无明显进攻机会时，攻方应通过跑动和传球耐心等待时机；一旦机会出现，则需果断抓住机会、迅速发动进攻。只有当运动员在思想上真正理解并通过实践形成感知和思维，进而转化为战术意识，训练才算成功，意识才得以建立。

（5）训练评价

训练结束后，教练员应对训练情况进行总结和评价。对表现优秀的运动员予以表扬；对表现欠佳的队员应给予鼓励，并强调只要持续练习，终将取得进步，获得成功。

第三节 阵型与队形

阵型是根据比赛战术的需要而制订的比赛站位形式，它不仅有助于有效整合和优化全队的整体战术组合，还能够充分发挥运动员个人与集体的竞技潜力，有利于实现既定的比赛战术目标。

19 世纪，随着欧洲工业革命的推进，英国经济迅速发展，现代足球运动也得到广泛开展。最初，足球赛场上并无明确阵型，球队普遍以进攻为主，除守门员外，其余 10 名球员几乎全部为前锋，形成“九锋一卫”的局面。直到 1930 年，英国人契普曼创立了攻防较为平衡的 WM 式阵型，对现代足球的发展产生了重要影响。此后，20 世纪 50 年代初，匈牙利人提出“四前锋打法”，取代了 WM 式。1958 年，巴西人又创造出“4-2-4”阵型，取代了偏重进攻的四前锋打法。1974 年，荷兰人则创立了“全攻全守”的打法，使现代足球进入了全面型发展阶段。

由此可见，阵型的不断创新与演变，对现代足球运动的发展起到了重要推动作用。

队形是在比赛过程中，根据场上实际情况变化而体现出的阵型运用，是阵型的具体实践形式。

合理的阵型应具备前后层次分明、左右策应及时、四面衔接有序等特点。阵型与队形的最大区别在于：阵型更具灵活性和机动性，强调因势而变，更有利于实现攻防战术目标。

小学五人制足球比赛的阵型与队形如下表所示：

<table>
<tr><th>场上状态</th><th>阵型</th><th>队形</th></tr>
<tr><td>防守</td><td>1+1+2+1</td><td rowspan="2">1+1+2+1</td></tr>
<tr><td>进攻</td><td>1+1+3</td></tr>
</table>

小学八人制足球比赛阵型与队形如下表所示：

<table>
<tr><th>场上状态</th><th>阵型</th><th>队形</th></tr>
<tr><td>防守</td><td>1+1+3+2+1</td><td rowspan="2">1+3+2+2</td></tr>
<tr><td>进攻</td><td>1+1+2+3+1</td></tr>
</table>

总之，阵型相较于队形，具有更高的战术指导意义和实战价值。

第四节　足球比赛战术原则

足球比赛战术原则是对比赛中攻防客观规律的高度概括，是在比赛中战胜对手必须遵循的基本准则。足球比赛归根结底就是设法攻门得分，以及努力防守、力保球门不失。那么，如何才能实现这一目标？关键在于比赛中遵循攻防原则，并灵活运用攻防战术。

一、突破纵深

运动员要勇于利用个人突破能力，向对方防线身后的空当突破；或通过传球配合，让同伴切入或前插，打击对手身后空当，从而向对方球门推进，形成有效威胁。

二、利用宽度

当纵深突破一时难以制造战机时，为保持控球权，可利用场地的宽度，拉开进攻空间。球队可以通过中、长传将球转移至两侧边路，迫使对手调整防守重心，扩大其防守面积，进而造成较大的空当，削弱防线的紧密度。此时，接应队员应抓住时机，迅速拉开并占据边线区域的空位，为下一步的纵深渗透进攻创造有利条件。

三、 渗透进攻

进攻队员应通过频繁跑动，牵动对方防守队员的位置，从而制造防线空当。此时，进攻方应快速完成传球切入或个人突破，加快进攻节奏，使对方防不胜防，达到突破的目的。进攻成功的关键在于队员之间在跑位、传球和带球切入等方面的高度默契配合。

四、 随机应变

足球场上的形势千变万化，瞬息万变。这就要求运动员在比赛中善于审时度势，根据不同的比赛情境灵活调整攻防战术，以实现预期的比赛目标。随机应变的原则，尤其体现在即兴创造射门机会以及具体射门技术的运用上。球员在抬腿射门的一瞬间，其技战术决策往往是在时间和空间高度紧迫的对抗条件下完成的。因此，良好的体能、娴熟的技术、敏锐的战术意识、丰富的比赛经验以及稳定的心理素质，都是运动员在比赛中应变自如、发挥出色的坚实基础。

第五节　足球比赛进攻战术

一、 个人进攻战术

无球时：选位、跑位、制造空当、利用空当。

有球时：带球突破、传球配合突破以及射门。

（一）无球时

1. 选位

首先要选择一个有利于摆脱对手的位置。例如，可以选择站在与防守者几乎平行的位置，便于随时切入到其身后，即位于通向对方球门的进攻线路上。当然，也可以选择站在对手身前，即处于越位位置。当控球队员传球时，原处于越位位置的球员往回跑动，便于同伴切入得球。

2. 跑位

跑位是一项重要的战术要素，指的是运动员在无球状态下，为全队进攻服务而进行的一次或多次战术性跑动。很多进攻良机往往都是通过无球跑动创造出来的。

跑位按照不同的分类方式可分为：

（1）按方向分：横向跑位、斜向跑位（内切、外切）和纵向跑位（拉回、前插、插上）等

①横向跑位：是一种拉开守方防线空当的跑动方法。

②斜向交叉跑位：是一种较易撕开对方防线的跑动方式，威胁性较大。

③内切和外切跑位：是最具威胁性的跑位，属于向前的直线型跑动。如图 3-5-1 中的 11 号为外切，7 号为内切。

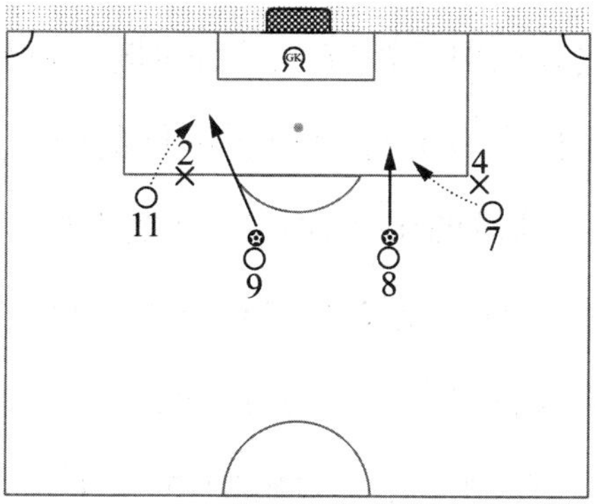

图 3-5-1

④套边：如图 3-5-2 所示，7 号内切，10 号拉回，6 号套边，9 号将球传给 6 号。

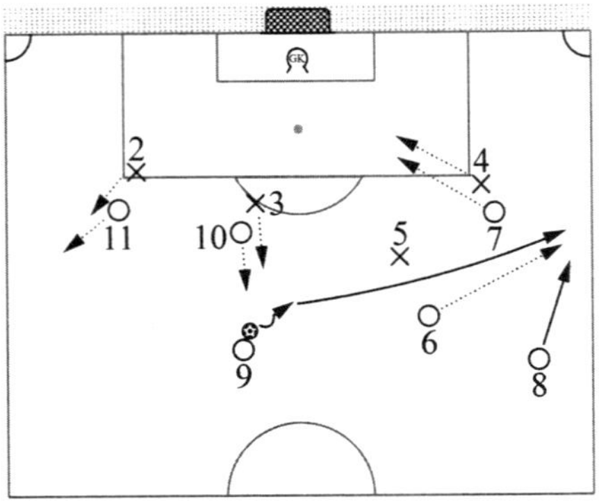

图 3-5-2

（2）按战术角度分：接应和摆脱

关于接应：

接应指通过各种跑动为控球者提供传球机会，从而制造战机，是进攻中的一项重要战术手段。它在进攻中不可或缺，也是衡量一名运动员水平高低的重要标准。因此有“会跑位者会踢球”之说。

接应的关键是跑位意识，重点在于跑位的时间差（要有突然性）和路线的变化性。

接应的主要形式有保护性接应、纾困性接应和突破性接应。

①保护性接应：接应者通过跑动所占据的位置通常位于控球人身后 5—6 米处，应同时满足两个条件：一是便于控球人传球，二是能起到保护控球人的作用。即当控球者被对方抢断后，保护性接应者可立即上抢对手，并切断其通向本方球门的通路。

②纾困性接应：“纾困”意为缓解困境，当控球者面对逼抢，控球能力又不强时，接应者应向其靠近，站到其侧方 8—10 米处，便于控球

者传球且远离防守者。

③突破性接应：是指接应者通过向前跑动 10 米以上，便于持球人传球，在接到传球后立即就可以向对方发动进攻。

接应的训练方法：

①保护性接应（如图 3-5-3）：2 号持球，对方×7 号逼抢，3 号跑至 2 号身后形成保护性接应，同时保护 2 号。

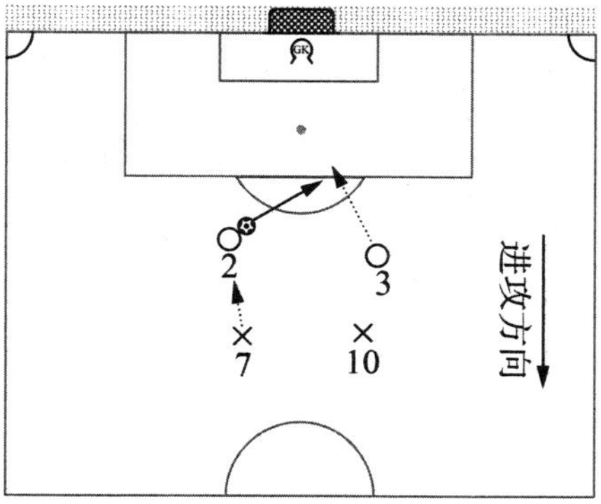

图 3-5-3

②纾困性接应（如图 3-5-4）：8 号持球，×3 号盯防，2 号、4 号插上接应，8 号传球后，2 号和 4 号可立刻展开进攻。

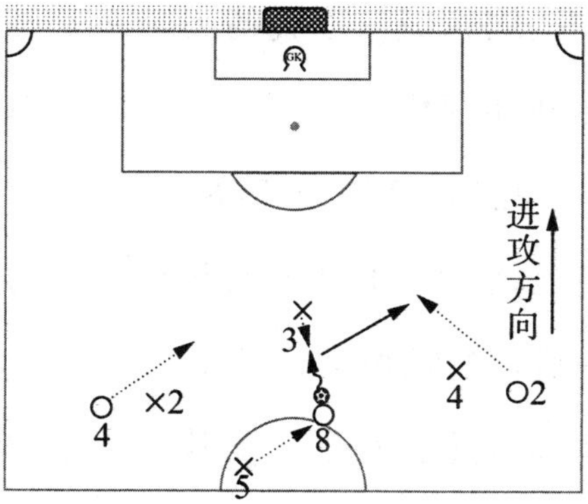

图 3-5-4

③突破性接应（如图 3-5-5）：2 号持球，×4 号盯防，10 号拉回接应，×3 号紧逼，4 号前插形成突破性接应，接到 2 号传球后可直接威胁对方球门。

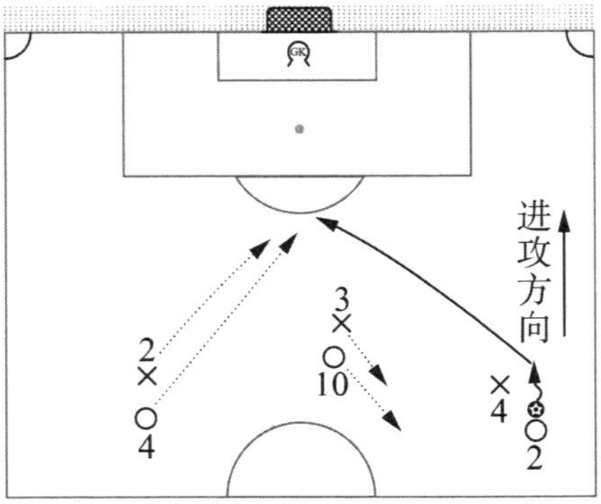

图 3-5-5

关于摆脱：

摆脱是进攻中的重要战术元素，是破坏对方防守、伺机发动进攻的一种有效方式。主要通过具有迷惑性的跑位，摆脱对手盯防，最终参与到进攻中。摆脱与接应密切相关，是一对“孪生姐妹”，摆脱是接应的前提，接应是摆脱的结果。

摆脱的关键：和接应相似，摆脱的关键在于跑位。而跑位的重点是时间和路线的突然性和变化性。即摆脱者需在对手“疏忽大意”时甩掉对手，抓住时机，运用“突然加速跑”或“变向跑”来摆脱盯防。突然性的核心是“诡道跑位”，即通过计谋性跑动骗过防守者。

摆脱具体可分为诡道摆脱和掩护摆脱：

①诡道摆脱：指通过迷惑对手、使其产生错觉，成功摆脱防守的跑位方式。如图 3-5-6 所示，7 号先向后跑，假装准备接应 8 号传球，对方防守队员×4 号紧逼时，7 号突然外切接球，完成诡道摆脱。（关

于“诡道跑位”可参见前文无球时跑位的相关说明）

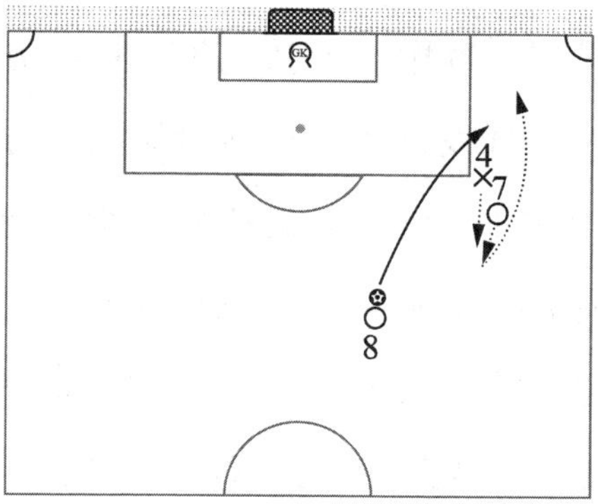

图 3-5-6

②掩护摆脱：指借助队友遮挡对手跑动路径的一种跑位。如图 3-5-7 所示，11 号内切，×4 号紧跟防守，9 号跑动遮挡×4 号的路线，并用足底或脚跟将球传给 11 号，11 号从 9 号身后带球内切，9 号正好挡住了×4 号的防守路线，从而帮助 11 号成功摆脱对手。

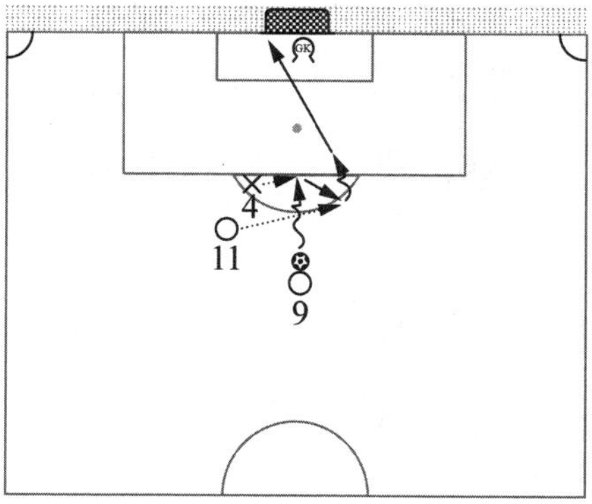

图 3-5-7

摆脱的训练方法：

参见图 3-5-6，三人一组，持一球，由 8 号持球、×4 号盯防、

7 号尝试摆脱。8 号带球观察时，7 号通过突然跑动变化（即诡道跑位）甩掉×4 号，从而接到传球并展开进攻。

加速跑摆脱：足球比赛中一般情况下，在本方半场攻方队员都会被守方队员紧盯，一旦球发展到此侧区域附近，守方队员一定紧逼对手，此时攻方欲摆脱对手，除了诡道摆脱和交叉掩护摆脱外，就是采用加速跑摆脱。具体说来就是，攻方队员在对方看管下，先慢跑，然后在对方“疏忽大意时”突然加快速度，即可摆脱对手。所谓突然加快速度，就是突然加快步频并加大步幅，拉大攻方与守方的间距。

（二）有球时

1. 带球突破

带球突破是有球队员运用带球方法突破对方防守、撕开防线、制造以多打少局面的锐利武器，是创造射门或传球配合的有效手段。

（1）运用情况

①当控球队员没有射门或传球机会时，如同伴被盯死、射门角度被封堵时，控球队员应通过带球突破来打开局面。

②在前场对方禁区附近，控球队员如面对一名防守队员（不含对方门将），应果断运用带球突破技术，只要能找到射门角度，即可果断射门。

③在中前场，控球队员如遭遇对手紧逼，缺乏传球或射门空间时，应大胆带球突破，摆脱防守，寻找传球或射门机会。

（2）注意事项

①带球突破的关键是“变”，即变速或变向。突破时可先慢速接近对手，待离对手一步之距时，突然推球加速，人球同时越过对手，实现变速突破。

②带球突破时应不断改变球的方向，引诱对手出脚，使其失去重

心，然后控球者变向突破。前国脚容志行便是变向突破的高手。

③变速与变向相结合，带球突破效果最佳。

④一旦突破成功，应及时传球与同伴配合或果断射门，切勿贻误战机。

⑤带球突破时，假动作是一项有力的武器，应充分利用。

⑥在本方后场尤其是禁区中央地带，须慎用带球突破。若突破失败，极易被对方截球并形成射门机会。

2. 传球配合突破

传球配合是比赛中最常用、最重要的进攻技战术手段。传球技术水平的高低往往代表着运动员或球队整体比赛能力的强弱，而传球的成功率则往往决定着比赛的胜负。西班牙国家队之所以赢得2024年欧洲杯冠军，其国奥队又获得巴黎奥运会足球冠军，很重要的原因就是其传球配合成功率极高。

（1）传球的基本形式

传球方式多种多样，按出球方式分为直接传和间接传；按距离分为短传（15米以内）、中传（15—25米）和长传（25米以上）；按高度分为传地滚球、低球（膝盖以下）、平球（膝以上头以下）和高球（头部以上）；按方向分为直传球、斜传球、横传球和回传球；按目标分为脚下传、空当传、过顶传及隐蔽性传球。

（2）技术关键点

①传球意识：在运动员刚接触足球、刚开始训练时，教练员就应强调传球的重要性，如直传最具威胁性等。同时，应从训练之初就培养运动员抬头观察的习惯。

②传球时机：教导队员认识到场上情况瞬息万变，战机稍纵即逝，必须把握好传球时机，做到及时、恰当传球。

③准确传球是进攻成败的关键。要合理运用各种脚法，并能控制出球方向、距离、力量和落点。

3. 射门

射门是决定足球比赛胜负的关键技术之一。影响射门成功与否的因素包括射门意识、射门时机、射门力量、脚法选择、突然性、射门后行动等，脚法运用是否合理尤为重要。

（1）基本要求

足坛前辈何家统、周荣根在《足球》一书中将射门的基本要求总结为18个字："立足稳、看得准、起脚快、下脚狠、不后仰、向前跟。"

立足稳：射门时支撑脚要稳固地支撑住身体重心，这样既有利于射门动作正确自如地完成，又能增加射门时的力量。

看得准：来球的方向、速度和落点等都要看准，同时掌握对方球门位置及周边情况，这是正确射门、取得进球的先决条件。

起脚快：射门瞬间，动作要迅速突然，使对方后卫和门将措手不及。

下脚狠：起脚射门时，要敢于克服各种困难，不怕对方干扰、阻挡、拦截等。敢字当头，当机立断，大刀阔斧地完成射门。

不后仰：射门时身体上体不后仰，而是略微前倾，身体重心向前，否则射出的球容易高飞或无力。

向前跟：射门动作完成后，身体应向前跟进，准备争抢球从门框弹回或守门员脱手后的二次射门机会。

（2）注意事项

①射门是制胜关键技术，每次训练必须安排10—15分钟射门练习时间。

②小学生的射门训练应从踢静止球开始，再练活动球，随后结合

实战，在对抗中训练，效果更佳。

③应做到“三条腿”练习，即左右脚射门和头球顶门训练。

④要加强外脚背射门训练，此脚法动作快速、力量大且具有较强隐蔽性。

二、 局部进攻战术

局部进攻战术是指两三名队员在局部地区通过传球配合展开进攻的方法。

（一） 一传一切突破

2023年3月，南京市江宁区“区长杯”比赛冠军争夺战中，竹山小学对阵东山×小（上届冠军）。上半场，竹山小学以1∶0领先，东山×小全力进攻，压着竹山小学猛攻。下半场开始后，东山×小在一球落后的情况下加强进攻，意图扳回比分。竹山小学门前险象环生。约10分钟后，竹山小学后卫在禁区得球，一脚长传到中场，中锋11号孙如意接球转身，看到左前卫7号朱子行起动，外切至对方右后卫身后，11号立即斜直传，球到人到，7号切入，接球后甩开对手，“杀”入禁区，果断射门，皮球应声入网，比分改写为2∶0，奠定胜局。此后东山×小队员心态不稳，技术动作变形，难以扭转局势；反之，竹山小学队员心理稳定，技术合理，最终夺得“区长杯”。这是一场典型的“一传一切”局部进攻战例。

1. 训练方法

如图3-5-8所示，9号传球至×2号身后空当，11号切入拿球以后，突破对方防线继续进攻。

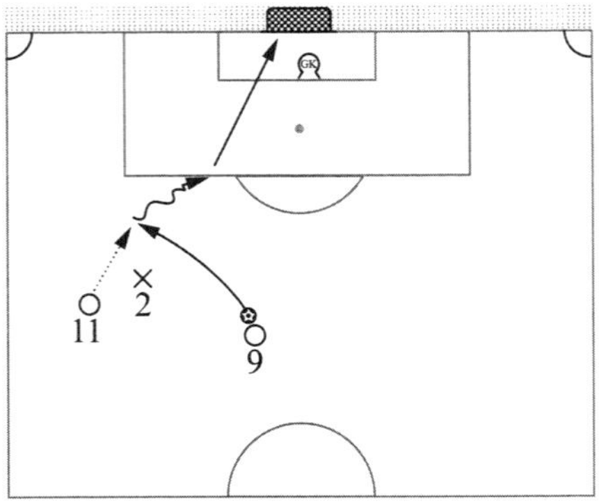

图 3-5-8

2. 训练要求

9 号和 11 号应具有良好的配合默契。当 9 号带球时突然抬头观察，11 号也要注意观察控球者。当两人“四目相对”时，11 号立即起动前插，9 号同时将球传至×2 号身后空当处。

3. 常见错误

①11 号与 9 号缺乏默契，11 号已起动切入，但 9 号未及时传球，在×2 号回追后才传球，结果被其成功拦截。

②11 号尚未起动，9 号提前传球，同样被×2 号截获，导致失误。

4. 纠正方法

教练员应分析配合失败的原因，并向队员说明：关键在于 11 号和 9 号配合默契不足，缺乏协同意识。教练员应强调眼神交流的重要性——当两人“四目相对”时，11 号即刻起动，9 号同时送出传球。

5. 训练评价

训练结束后，教练员应根据队员在训练中的表现进行评价。配合成功、传切默契的，应给予表扬和鼓励；配合失误的，应耐心指出问题根源，强调传切配合的时机掌握以及“四目相对”这一关键时刻的重要性。

（二）长传转移切入

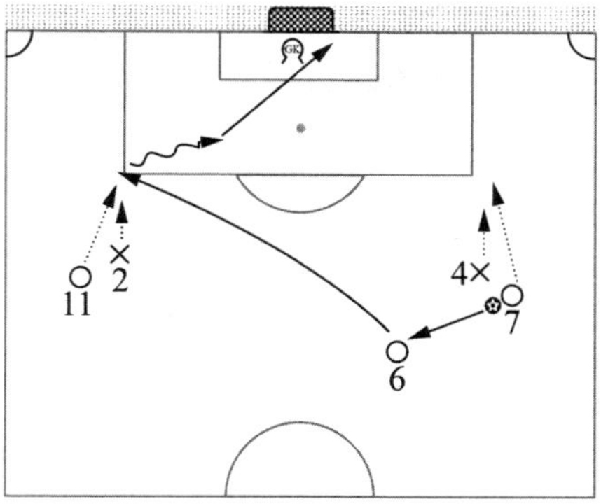

图 3-5-9

1. 训练方法

如图 3-5-9 所示，7 号传球给 6 号后向前直插，以吸引守方注意，但 6 号并未将球传回给 7 号，而是将球长传转移至另一侧，11 号再切入接球，突破对方防线，使守方措手不及。

2. 训练要求

①传球人要准确掌握传球的时机、方向和力度。

②接球人需与传球人配合默契，切入时机要准确，起动要快速而突然。接球后要迅速控制住球，为继续进攻做好准备。

3. 常见错误

6 号与 11 号缺乏默契，导致传球时机掌握不当。传球过早或过晚，均容易造成配合失误。

4. 纠正方法

训练中应加强两人的默契配合，特别要强调在“四目相对”的瞬间，11 号起动，6 号立即传球。此时配合成功的概率将显著提高。

5. 训练评价

配合成功时，教练员应及时给予表扬和鼓励；出现失误时，教练员应耐心分析失败原因，说明核心问题往往在于默契不足。只要在“四目相对”时果断配合，长传转移就能成功实施。

（三）交叉掩护配合

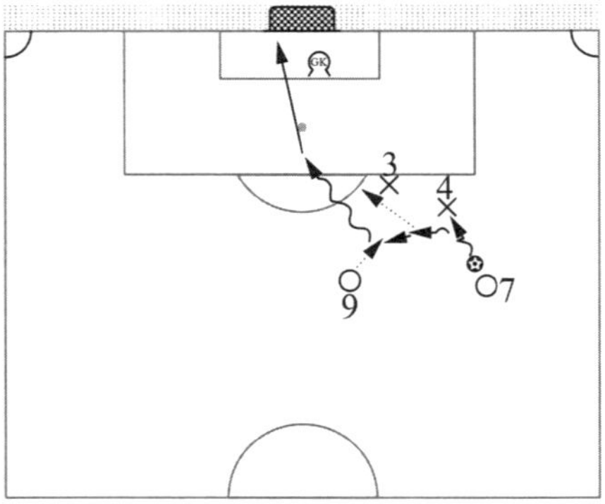

图 3-5-10

1. 训练方法

如图 3-5-10 所示，7 号大胆向×4 号带球，同时用身体掩护住球。此时，9 号主动向 7 号迎球方向跑动。当 7 号带球至×4 号面前约 1 米处时，9 号应跑至 7 号身前准备接球，7 号将球传给 9 号。

2. 训练要求

9 号接球后应立即快速向前突破。与此同时，7 号传球后要立刻加速跑动，冲至×3 号面前，站到其防守 9 号的前进路径上，从而延缓×3 号的追防。这一交叉掩护的动作能有效为 9 号创造带球突破的机会。

3. 常见错误

7 号在传球给 9 号后，未能及时前插到×3 号防守线路上，导致×3 号能顺利追防 9 号，从而失去了交叉掩护的战术效果。

4. 纠正方法

训练中要特别把握好“时间差”的关键。当7号将球传给9号时，×3号必然开始转向追防9号，此时7号必须迅速前插，将自己的身体挡在×3号的前进路线中，迫使其必须绕行，从而延误防守时机，确保9号能有效突破。

5. 训练评价

教练员要反复讲解并示范“时间差”的核心战术要点。对能准确把握时机并成功完成掩护配合的队员应予以表扬；而对执行不佳者，则需耐心指导、反复训练，帮助其理解并掌握正确的动作与节奏，最终提高实战能力。

（四）制造空当和利用空当

1. 何谓空当

空当指的是在守方半场，守方球员之间或攻方与守方之间存在较大空间，便于接球、带球突破、传球或射门，这样的空间称为空当。

2. 空当的重要性

现代足球比赛中，在守方半场，守方通常紧逼对手，不给攻方留有活动空间，因此空当显得尤为重要。制造空当、利用空当是进攻的重要环节，甚至是决定胜负的关键因素。

3. 空当的分类

前空当：守方后卫与守方守门员之间的空当。

后空当：攻方与守方后卫之间（距离球门较远）的空间。

夹缝空当：守方后卫与其他守方球员之间的空间。

边缘空当：运动员通过无球跑位，在边线区域制造出的空间，便于拿球或展开边线进攻。

4. 如何制造空当

制造空当主要是通过跑位完成的。

(1) 拉出跑位制造后空当

如图 3-5-11 所示，10 号后撤制造后空当，接 8 号传球，7 号内切接 10 号传球。7 号接球后带球至×3 号面前，与内切的 11 号配合打“二过一”，突破×3 号，进入对方禁区果断射门。

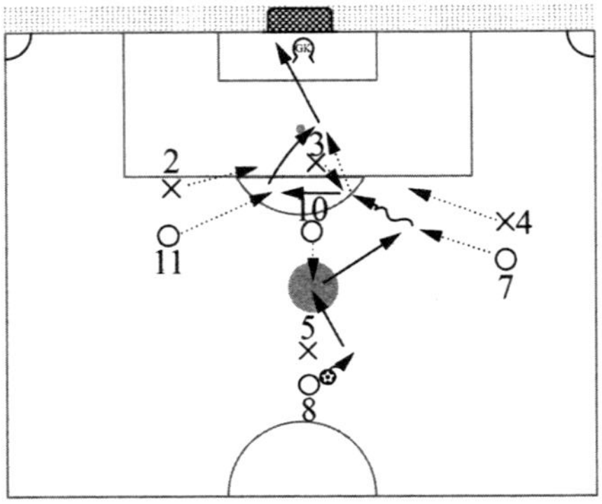

3-5-11

(2) 横向跑拉制造前空当

如图 3-5-12 所示，8 号控球，7 号后撤接应，×4 号紧逼，10 号横向跑位至×4 号身后制造前空当，突破防线接 8 号直传球展开边线进攻。

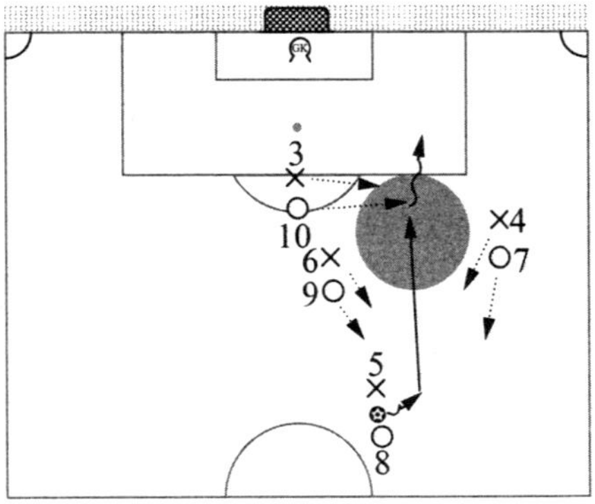

图 3-5-12

（3）斜向跑位制造夹缝空当

如图 3-5-13 所示，10 号斜向跑位，带动×3 号紧跟，制造×4 号与×3 号之间的夹缝空当。6 号纵深直传，10 号接球后直接向对方球门发起进攻。

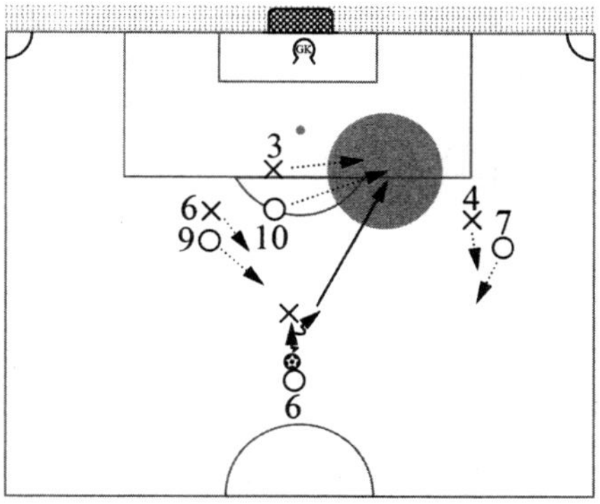

图 3-5-13

（4）斜向跑位制造边缘空当

如图 3-5-14 所示，8 号带球，11 号拉边制造边缘空当。11 号接 8 号传球后，与前来接应的 10 号通过“二打一”突破×2 号，展开边线进攻。

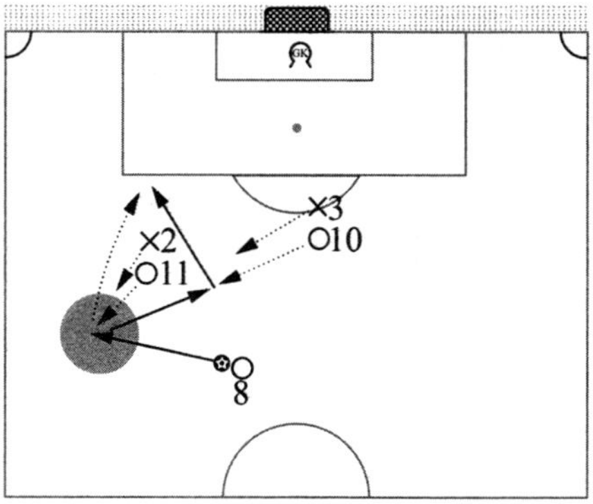

图 3-5-14

5. 利用空当

制造空当的目的是方便队友切入空当接球，然后可以选择进行以下行动：

①带球突破对方防线，向对方球门发起进攻。

②通过传球配合与队友突破对方防线后攻门。

③直接射门得分。

（五）“二打一”配合

“二打一”是一种非常锐利的进攻配合方式，可分为简易型和复合型两种。

1. 简易型“二打一”

指在局部区域，由两名（或更多）球员通过简洁明了的传切配合，突破对方防线的方法，主要形式包括斜传直插、直传斜插、横传直插（墙式配合）和回敲反切等。

（1）斜传直插“二打一”

如图 3-5-15 所示，9 号带球至守方×2 号面前约 1 米处，突然将球以地滚球方式斜传给 6 号，随后迅速从传球方向的另一侧直插至×2 号身后。此时 6 号不停球，将球直传给跑至空当的 9 号，完成突破配合。

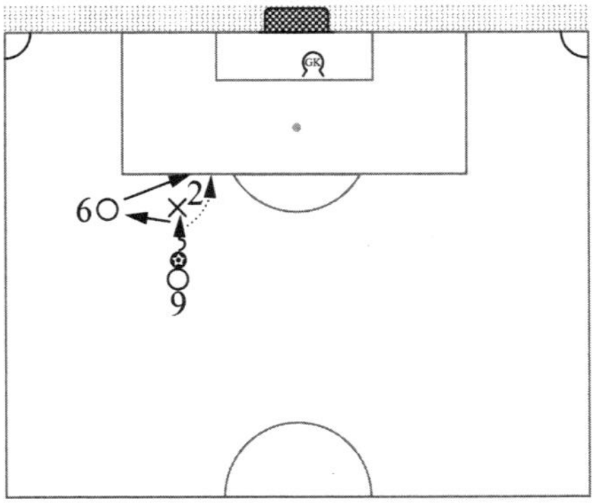

图 3-5-15

（2）直传斜插“二打一”

如图 3-5-16 所示，9 号带球至×3 号面前约 1 米处，突然将球直传至×3号身后，10号斜插接应，切入空当完成配合。此配合要求9号与10号之间具有高度默契，动作要突然，切入时机要精准：9号突然传球，10号突然斜插×3号身后空当接球。

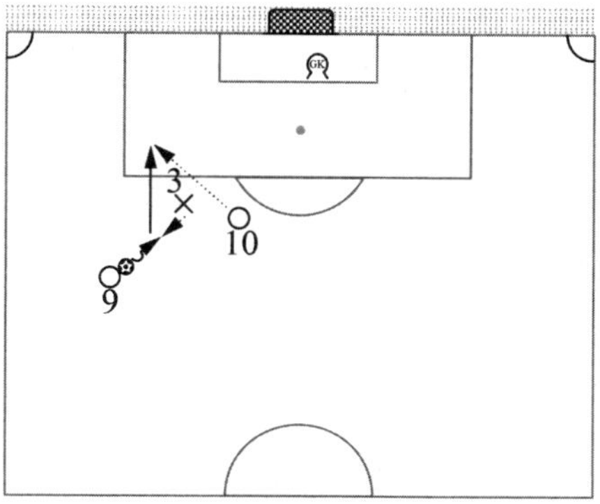

图 3-5-16

(3) 横传直插“二打一”(墙式配合)

如图3-5-17所示，9号带球至×3号面前约1米处，将球横传给6号，6号不停球直接将球传至×3号身后，9号快速插上接球，完成突破。

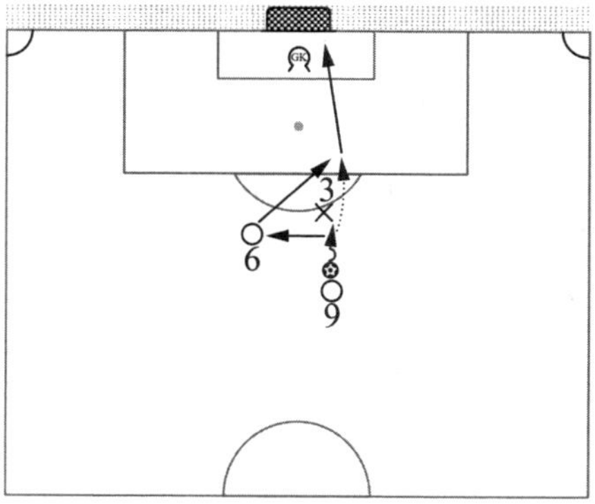

图 3-5-17

(4) 回敲反切“二打一”

如图3-5-18所示，8号将球传给6号，6号回敲给8号后立即反身直插至×4 号身后空当，8 号不停球直传至该空当，6 号接球后展开进攻。

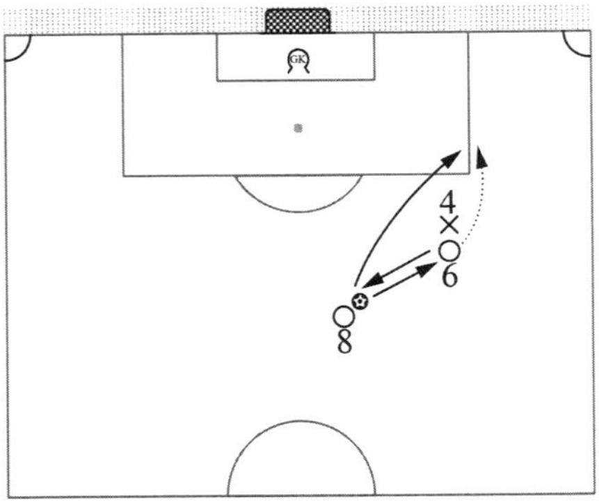

图 3-5-18

2. 复合型“二打一”

由三人通过多次传切形成“二打一”进攻配合，突破对方防线。此类“二打一”守方难以防守。

(1) 假传真漏“二打一”

如图 3-5-19 所示，9 号带球至×2 号约 1 米处，意图与 6 号打“二打一”，将球传给 6 号后，6 号故意漏球给 8 号。8 号接球后不停球，或停球一次后迅速传给前插的 9 号，9 号接球后突破守方防线向前进攻。

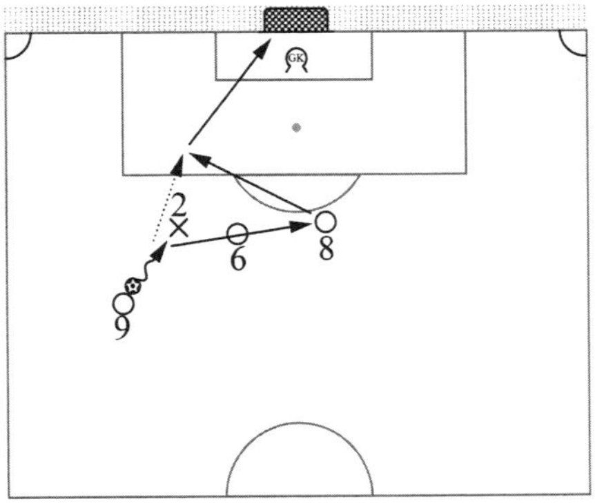

图 3-5-19

（2）间接“二打一”

如图 3-5-20 所示，8 号将球传给 6 号，6 号本欲与 9 号进行回敲反切配合，但 9 号未与其配合，而是隐蔽地将球传给切入的 8 号，8 号突破守方防线，形成出其不意的突破配合。

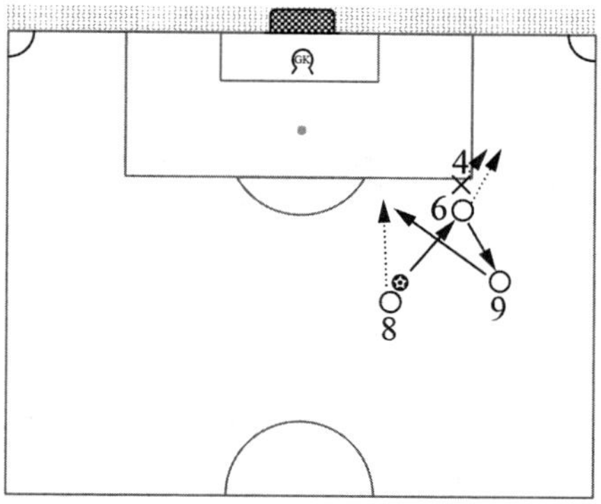

图 3-5-20

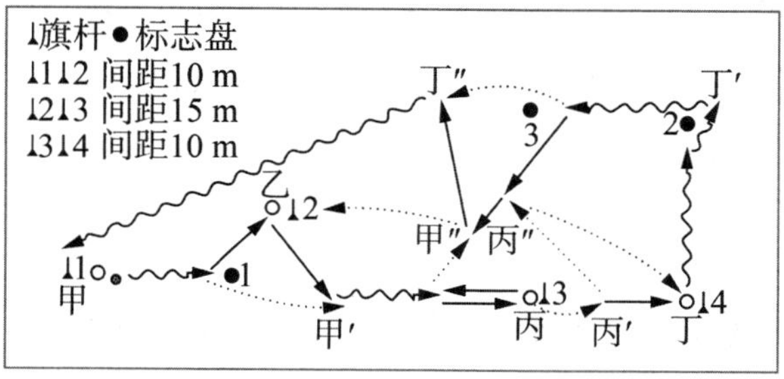

图 3-5-21

3. “二打一”训练方法（图 3-5-21）

①甲向前带球约 6 米，在标志盘 1 前约 1 米处与乙完成斜传直插“二打一”配合，乙不停球传给前插的甲。

②甲接球后继续带球，与丙进行回敲反切“二打一”配合。

③丙接球后带球数步，传球给丁，丁接球后转身 90 度向前带球 10 米至标志盘 2 处。

④丁绕过标志盘 2 后向左转 90 度，继续带球约 6 米，在标志盘 3 前与丙、甲完成复合型“二打一”配合：丙不接球而漏球给甲，甲不停球将球传给丁，丁接球后带至旗杆 1 处，准备下一轮训练。

⑤依次循环后，甲换位至乙，乙换位至丙，丙换位至丁，丁则换位至甲，完成轮换。

三、 全队进攻战术（整体进攻战术）

整体进攻战术是建立在个人进攻战术和局部配合基础之上的全局性协同配合方式。一次完整的整体进攻应该由发动、推进和结束三个阶段构成。发动阶段主要是获得球、控好球再通过带球突破或传球配合突破第一道防线。推进阶段是由带球突破防守或通过无球跑动摆脱对手紧逼，再通过传球配合突破防守；结束阶段则是在突破防线后实施射门，完成进攻。整体进攻战术包括：边路进攻、中路进攻、转移进攻和快速反击等几种类型。

（一） 边路进攻

边路进攻的核心在于利用场地宽度迫使对方扩大防守面，从而削弱中路的防守密度，为中路制造射门良机。常见的几种边路进攻打法包括：边路带球突破、边锋和中锋的双边锋交叉换位、边锋和中锋的简易型“二打一”配合、三人（边锋、中锋和前卫）复合型“二打一”配合以及后卫插上助攻等。

1. 边线带球突破下底传中

如图 3-5-22 所示，7 号或 11 号沿边线带球分别突破对方后卫×4 号或×2 号后，下底传中，由中路队员包抄射门。

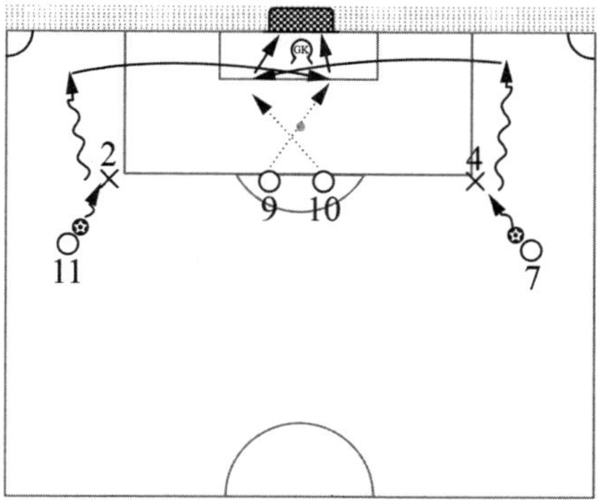

图 3-5-22

2. 简易型“二打一”配合

如图 3-5-23 所示，8 号传球给拉出接应的 10 号，10 号再传给 7 号，随后两人通过“二打一”配合突破×4 号，7 号带球下底传中，由 10 号和 8 号包抄射门。

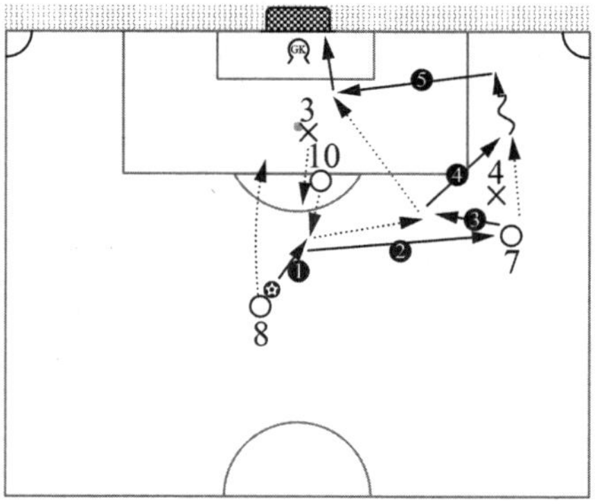

图 3-5-23

3. 复合型“二打一”配合

如图 3-5-24 所示，8 号带球传给拉出接应的 10 号，×3 号紧逼 10 号，10 号回传给 7 号并立即反身切入×4 号身后。7 号趁机隐蔽地传球给前插的 8 号，由 8 号突破防线后展开进攻。

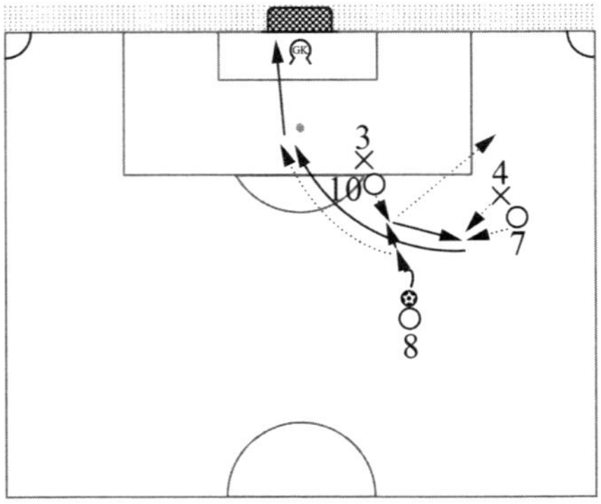

图 3-5-24

4. 双边锋配合

如图 3-5-25 所示，9 号带球后传给边锋 7 号，7 号传球给沿边线斜插的 10 号，形成“双边锋”进攻态势。10 号沿边线带球突破×3 号后下底传中，7 号内切包抄射门。

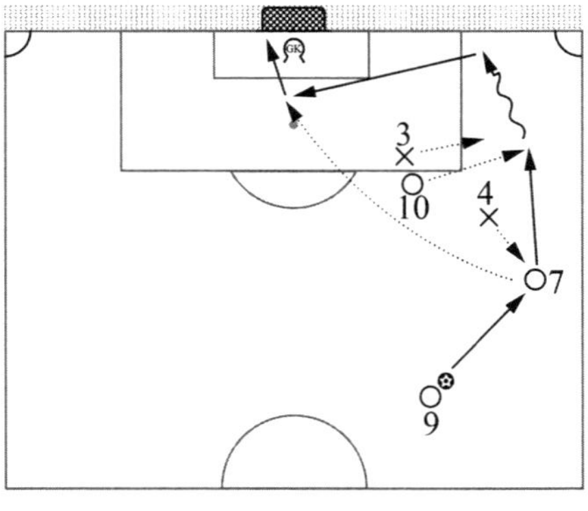

图 3-5-25

5. 边中结合打法

如图 3-5-26 所示，9 号传球给 7 号，7 号横向带球后传给 10 号。面对×3 号的紧逼，10 号突然将球传给前插的 2 号后卫。2 号大胆快速从边路突破防守下底传中，由 10 号与 7 号在中路包抄射门。

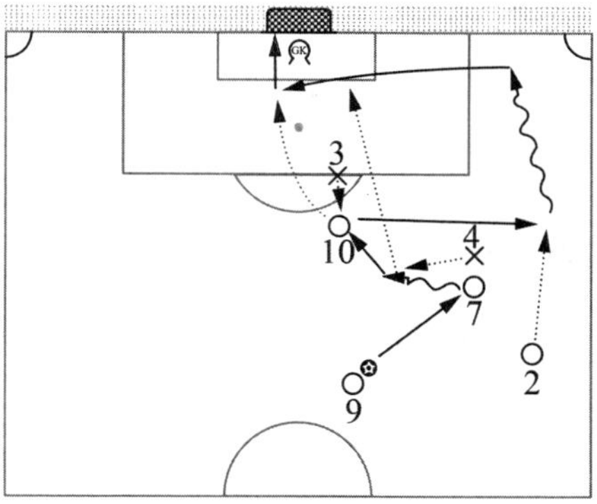

图 3-5-26

（二）中路进攻

中路进攻通常有两种基本方式：一是从中路直接突破，二是通过边中转移形成突破。由于中路的防守球员较多，空间狭小，因此进攻难度较大；但一旦成功突破，其攻击效率极高。

中路进攻的基本形式可以归纳为以下两种：

1. 个人带球突破后直接射门

如图 3-5-27 所示，10 号球员拉回，意图与 9 号进行“二打一”配合，但 9 号突然带球突破×5 号后选择远射完成进攻。

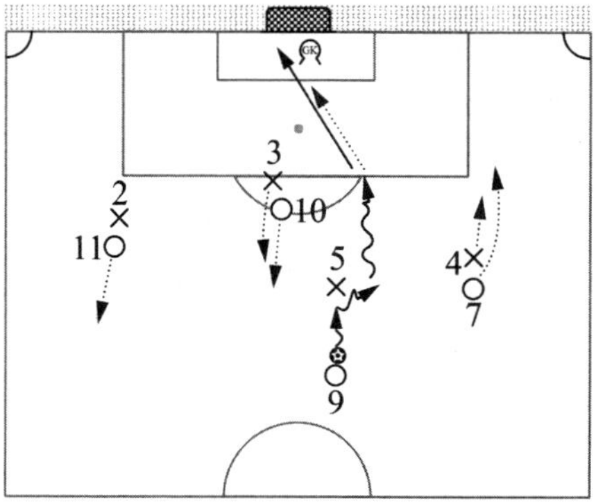

图 3-5-27

2. 与队友配合突破

可以采用“二打一”配合或通过有组织的跑位，制造多个空当后实施突破。

如图 3-5-28 所示，7 号回拉接应，与 9 号打“二打一”突破，10 号斜插切入第一空当，8 号前插进入第二空当，制造极大威胁。此时，9 号将球传给处于第二空当的 8 号，8 号接球后直接射门。

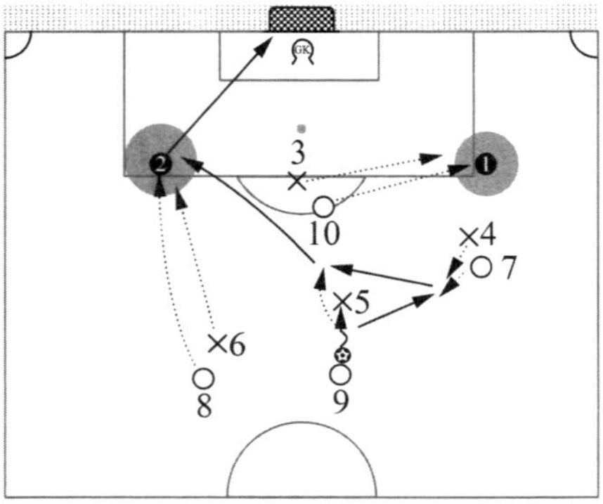

图 3-5-28

（三）转移进攻

当一侧进攻受阻时，可将球迅速转移到另一侧边路展开进攻。转移进攻的显著特点是“利用宽度”，及时转移攻击点，迫使对方整体防线横向移动，进而暴露出防守空当，为进攻方创造有利的突破条件。

1. 前提条件

①进攻受阻的明显标志出现：守方在局部区域内人数多于攻方，或该区域守方的防守能力明显较强。

②队员的视野要广，转移进攻的意识要强并且要具备审时度势的能力。

③一般要有信号或者标志出现，如某一侧进攻时，对方此侧后卫

防守能力很强，进攻中此侧前锋几次拟突破均难以成功，则可通过回传给后卫，为转移做好准备。这就是信号或者标志，此时这名后卫即可考虑把球转移到另一侧进攻。

2. 训练方法

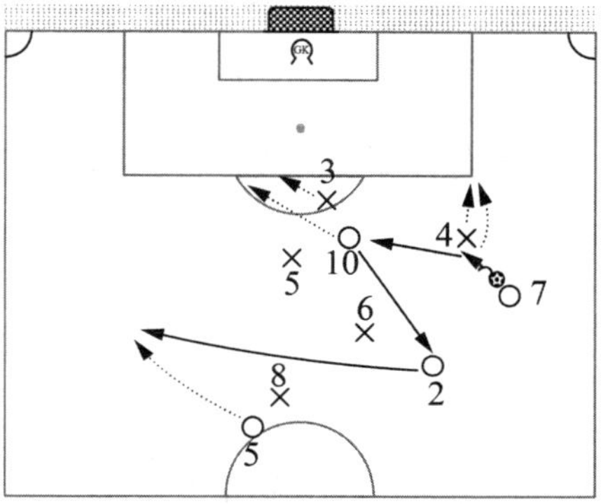

图 3-5-29

如图 3-5-29 所示，7 号带球尝试突破×4 号，后者防守能力强，7 号未能成功，于是将球传给 10 号，准备通过“二打一”配合突破。然而×4 号识破配合意图，提前做出防守动作，10 号无奈只能回传 2 号。此时，2 号观察到右路对方有三人防守，突破难度较大，果断长传转移球给左侧插上的 5 号，改由左侧组织进攻。

3. 训练要求

在训练中，当 2 号接到 10 号的回传球时，若判断右路无法形成有效突破，应立即将球长传转移至左路由插上的 5 号继续进攻。

4. 常见错误

2 号接到回传球后，仍将球传回 7 号，继续从右路组织进攻，未意识到应通过转移进攻寻找更优空间。

5. 纠正方法

教练员应该通过讲解示范，让运动员懂得“进攻千万别打死一边”的道理。右路进攻困难，是因为对方防守人数为 3 人，而攻方仅 2 人，更何况对方左后卫×4 号的防守能力很强。进攻应避开“强”势，寻找可能“弱”势的另一侧。当 2 号将球长传给左路 5 号后，可观察到左侧存在较大空当，5 号可大胆带球进攻。此时守方必须大范围移动，把防守重心从左转到右，在大范围跑动中必然会出现空当，这也有利于攻方继续进攻。

6. 训练评价

训练结束时，教练员应对训练进行总结。对在训练时能及时利用转移进攻，即有效利用场地宽度的队员予以表扬。反之，对于对未能及时进行转移进攻的队员，则应耐心指出问题所在：首先要有“转移进攻”意识，其次要把握好转移进攻的时间点，即运动员之间要形成良好的配合默契。教练员还要讲清楚转移进攻的标志是此侧对方防守人数较多而且对方防守能力强，必须运用转移进攻。

（四）快速反击

快速反击是指守方在防守过程中获得球权后，趁对方尚未组织好稳固防线时迅速发起的进攻，从而创造出直接射门的良机。

1. 前提条件

①抢断得到对方的传球。

②抢到对方脚下控制的球。

③对方进攻时犯规，守方获得任意球。

2. 注意事项

①锋线上应有具备快速突击能力的前锋，同时最好具备 1—2 套运用快速奔跑能力的反击配合打法。

②快速反击打法的关键是“快”，因此要求传球动作快速、准确，常采用中长距离传球，并保持配合简练，减少中间环节。

③前锋接球后应敢于快速带球突破，遇射门机会应果断坚决，不拖泥带水。

④射门后应迅速冲门补射，捕捉第二次射门机会。

3. 训练方法

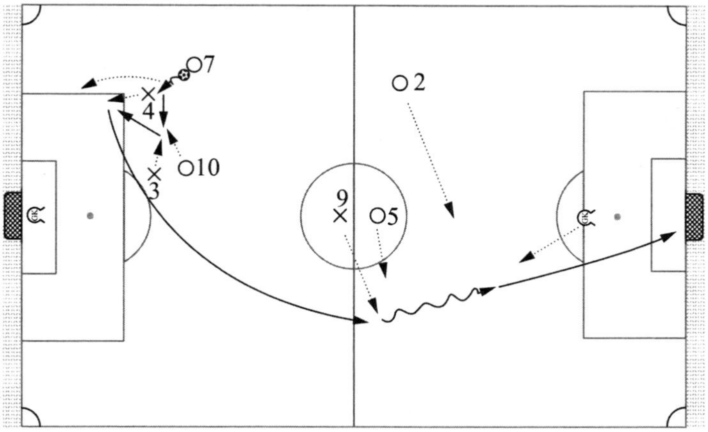

图 3-5-30

如图 3-5-30 所示，7 号在前场带球准备与 10 号进行“二打一”配合，球被守方×4 号断下。×4 号断球后，立即长传至右侧拉边前插的×9 号。×9 号接球后迅速向前突破，带球突入禁区后果断起脚射门，后冲门补门。

4. 训练要求

×4 号断球后，应立即抬头观察场上形势；×9 号若观察到×4 号已控制球权，应快速拉边前插至空当区域，积极接应长传球。接球后，若身边无队友配合，应果断带球突破，迅速推进至对方禁区前沿射门。完成射门后，还应积极冲门，准备补射。

5. 常见错误

×9 号接球后犹豫不前，不敢带球突破，错失良机；此时，对方 2 号已经迅速回防，形成双人防守。5 号见有队友保护，也大胆上抢，使 ×9 号失去控球权，战机延误。

6. 纠正方法

训练中，教练员应一边讲解一边示范，强调控球的重要性，此时对方尚未组织好稳固的防守体系，正是进攻的大好时机，控球队员应抓住时机大胆进攻。

7. 训练评价

训练结束后，教练员一定要向运动员讲清楚，场上的机会稍纵即逝，一定要抓住瞬间的机会，勇于突破，果断射门；同时勿忘提醒运动员，注意冲门补射，捕捉二次射门机会。这就是培养运动员的战术意识的重要之处。对于在训练中积极配合、快速执行、意识到位的队员应及时表扬；对未达训练要求者，需耐心分析原因，要求反复练习，直到达到要求为止。

（五）破密集防守

破密集防守是指当对方全体队员回撤至禁区附近，形成密集防线时，进攻方所采用的针对性战术打法。

1. 训练方法

①利用边线突破下底传中，借助中路高个球员头球破门。

②由带球突破能力强的队员带球强行突破或者在禁区附近闪出空当突然起脚射门，其余队员应迅速冲门补射，捕捉第二次射门机会。

③采用远射战术，迫使对方扩大防守面，再伺机渗透攻门。

如图 3-5-31 所示，11 号带球突然传给拉出接应的 10 号，10 号再分球给前插的 5 号，5 号接球后果断远射。

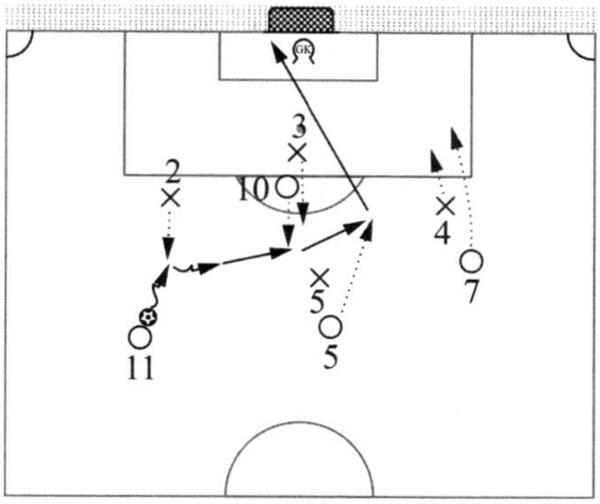

图 3-5-31

④采用多种“二打一”配合，快速突破防线后起脚射门。

2. 训练要求

①边锋从左（或右）侧突破后下底传中。如图 3-5-31 所示，传中落点应略在 10 号前方。传中球刚起飞时，埋伏在禁区内的 7 号和 11 号应迅速起动，分别抢向第一、第二门柱位置，吸引防守球员移动，为 10 号创造抢点空间。随后 10 号起动，在×3 号之前抢到前点头球攻门。

②带球突破能力强的队员，要大胆带球强行突破。

如图 3-5-32 所示，10 号要想带球强行突破×3 号，通常难以成功。因其身后有×4 号和×5 号保护，直接突破难度大。因此 10 号应使用假动作虚晃，在×3 号面前闪现空当后突然起脚打门。与此同时，11 号与 10 号应冲门补射，争取第二次射门机会。

③如图 3-5-33 所示，11 号传中，5 号突然插上接球打门，迫使对方扩大防守面，同时 5 号打门后，11 号和 10 号冲门补射，准备捕捉第二次射门机会。7 号则迅速返回中场，以防对方打反击。

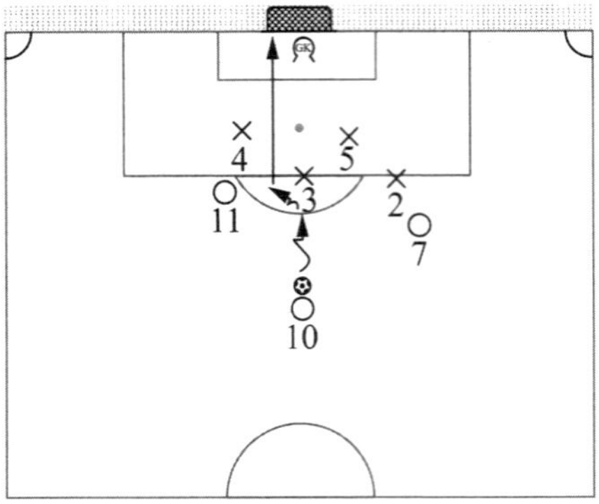

图 3-5-32

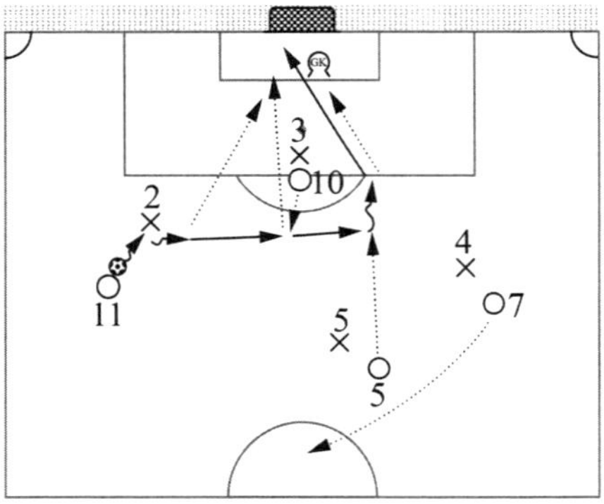

图 3-5-33

3. 常见错误（以图 3-5-33 为例）

①11 号传中球落点不好，太靠近球门，被门将没收或者托出底线。

②10 号虽然抢到落点，但头球处理不当，顶得过高，直接飞出底线。

③11 号带球强行突破禁区，因对方防守人数过多，无法成功突破，很容易造成球被对方抢截，对方发动快速反击，局势危险。

4. 纠正方法（以图 3-5-33 为例）

①通过反复练习，帮助 11 号掌握合理的传中落点。训练时可先从静止定位球传中练起，再逐步过渡到动态传中。

②10 号通过反复练习，抢点头顶球时能做到判断好球的落点，确保把球顶向球门内。

③教练员在训练开始时应该向队员交代清楚，对方本身是密集防守，攻方不能轻易丢失控球权，11 号带球只能对人传球打配合，然后设法在禁区外远射，这至少威胁对方球门，最重要的是使队员在意识上明白不能让对方轻易获得控球权，打快速反击。

5. 训练评价

小学生足球比赛中通常头球破门得分率不高，究其原因还是小学生因年龄小，喜欢用脚踢球，不喜欢头顶球。只要教练员多讲解多示范，使队员们明白头顶攻门是重要的得分手段。同时要多安排头顶球的训练，对头顶球掌握好的队员多给予表扬，而对不乐意头顶球且掌握慢的队员要循循善诱，鼓励他们多练习定会进步。教练员还要反复强调强行突破进入禁区、突然起脚射门的关键是要快。

第六节　足球比赛防守战术

足球防守战术是指在比赛中，无球一方为阻止对方进攻、重新获得控球权，所采取的个人和集体战术配合方法。无球一方在防守时的主要任务是抢截、盯人和补位。与对方持球人距离较近者，应以抢截为主；与对方接应球员距离较近者，应重点盯人；而与球距离较远者，应移位，放弃盯人，做好补位准备。总之，接近球的一方应以抢截、盯人为主，远离球者则应以保护、补位为主。

一、 个人防守战术

1. 个人防守战术的五要素

①站位（选位）：始终处在对手与本方守门员之间，形成“三点一线”。

②封锁对手通向本方球门的路线。

③做到人球兼顾，即防守时既能观察球的动向，又能注视对手的动向。切不可只顾球而忽视对手。

④保护：选位时既能盯住本方指定的防守对象，又能处于同伴身后，一旦同伴被突破，应立即补位，盯住突破者。

⑤抢截时不得随意出脚。随意出脚容易失去重心，重心调整期间若对手已加速带球，将造成时间差，很难追上对手。

2. 个人防守的重点

①选位：是个人防守中重要的基础。选位即根据临场情况选择合适的防守位置，目标是在看好本方防守对象的同时，兼顾保护同伴。

②盯人：在正确选位的基础上，根据所处区域的任务，采取紧逼盯人或放松盯人的策略。

③保护：在盯好自身防守对象的同时，随时准备保护同伴。这是实现局部防守与全队防守协调的基础。

④抢截：防守的关键在于无球状态下通过抢截争得控球权或破坏对方进攻。

3. 抢截的注意事项

①正确判断。包括判断对方出脚的时机与意图，传球路线与球速；

以及判断带球者的意图，尤其是在其脚离开球的一瞬间，是实施抢截的最佳时机。

②抢截时应运用假动作，迷惑对手。

③抢截过程中切忌随意出脚。

二、 局部防守战术

局部防守战术是指两人及两人以上在防守过程中所采用的战术配合方式，是集体（全队）防守的基础，主要包括：保护、补位和围抢。

（一） 保护

保护是局部防守的基础，指两名防守队员在防守中相互支援，尤其是距离对方控球者较远的防守者，应选择站位于同伴身后约 3 米处，使其无后顾之忧。一旦同伴被对手突破，该防守者应立即上前严防控球对手，并伺机抢截。与此同时，被突破的防守者应迅速跑动至补位队员身后，成为新的保护者，从而重建新的局部防守体系。（参见本章“保护与补位意识训练”图 3-2-6）

保护时的注意事项：

①两名防守队员要配合默契，补位及时，换位迅速。

②两人之间的距离一般控制在 3 米左右，但并非固定不变。可根据场上实际情况调整：在本方半场、距离本方球门较近时，应缩小间距；反之可适当加大。当面对速度较快的对手时，距离应适当拉大。

③在中场或中前场区域，抢截者应果断、凶狠地上前抢截；若未能成功抢到球，可采用“球过人不过”战术，即宁可犯规，也要延缓对方进攻节奏。

（二）补位

补位是指当同伴被突破时，其他防守队员及时填补空当的一种防守配合方式，与“保护”密切相关。

常见的需要补位的情况包括：

①后卫插上助攻后，身后留下空当；

②队员防守中被对手突破，导致空当出现；

③守门员出击失误，造成“空门”状态。

（三）围抢

围抢是指在防守过程中，当本方局部人数多于对方时，利用局部优势实施的2至3人围抢1人，从而夺回球权或破坏对方进攻。

围抢的注意事项：

①在角球区或禁区前沿等关键区域，应果断实施围抢。

②在门前或点球区域进行围抢时，必须贴身紧逼，但要避免犯规，否则将造成严重后果。

三、全队防守战术

全队防守战术是建立在个人或局部防守战术基础之上的集体配合方式。

（一）防守原则

1. 防守延缓

一旦失去控球权，距离球最近的队员应立即展开反抢，阻止对手带球向前突破或向前传球，迫使其只能横传或回传。这样可有效减缓对方进攻速度，为本方赢得组织坚固防守体系的时间。

2. 对等平衡

在延缓对方进攻的同时，其他队员应迅速回撤，抢占对手与本方球门间的要害位置，力求在防守人数上与对方进攻人数持平，甚至超过，从而建立安全、稳固的防线。整体由攻转守的战术意识和快速回防的奔跑能力是实现该原则的保障。

3. 收缩靠拢

当对方将进攻推进至本方半场时，防守队员应在纵深方向上收缩防线，集中兵力，有效控制禁区及门前要害区（亦称“心脏”或“咽喉地带”）。防线整体向球场中轴线及本方球门前收缩，呈“漏斗”状，并向有球一侧靠拢，形成纵横交错、互相保护与补位的紧密防守体系，有效压迫所有可能威胁我方球门的空间。

4. 限制控制

对进入本方门前 15—20 米区域的对手应严密控制，绝不允许其轻松拿球，更不允许其拿球后有从容起脚射门的机会。防守者应实施贴身紧逼，同时注意避免犯规。

（二）全队防守战术的基本形式

1. 区域防守

区域防守，即每名队员负责一个防守区域，当对手进入所辖区域时应全力防守。该方法的不足之处在于，一旦对方集中人员突破某一区域，可能导致防线混乱并出现漏人。

2. 盯人防守

盯人防守，即每名队员盯防一名对手，要求具备较强的个人防守能力。此种方法的问题在于，一旦某位防守者能力不足，可能导致整体防线崩溃，因其缺乏保护机制。

3. 混合防守

该方法结合了区域防守与盯人防守的优点，能有效弥补各自的缺陷，并具备相互保护机制。

（三）混合防守的训练方法

1. 训练方法

假设攻方从右路发起单边紧逼，如图 3-6-1 所示：攻方 9 号带球进攻，守方左侧防守队员对其紧逼，并形成层次分明的保护结构；另一侧队员则适当放松盯防，向中路靠拢，准备支援。

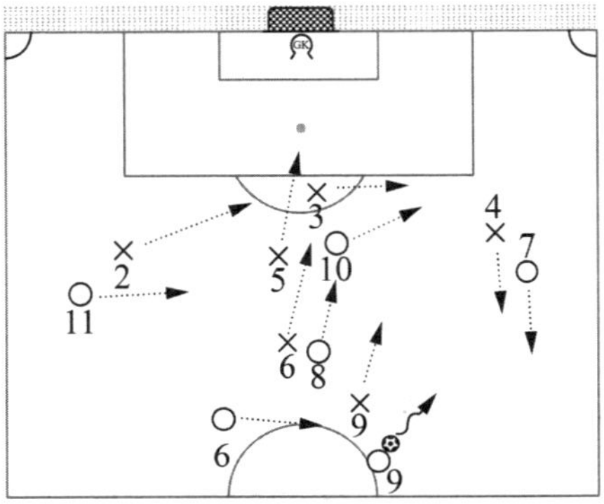

图 3-6-1

若攻方从中路发起进攻，如图 3-6-2 所示：左右两侧防守人员应迅速向中路收缩靠拢，中场队员×5 号、×6 号、×8 号则应快速回撤至禁区前沿，形成对中路的严密防守。

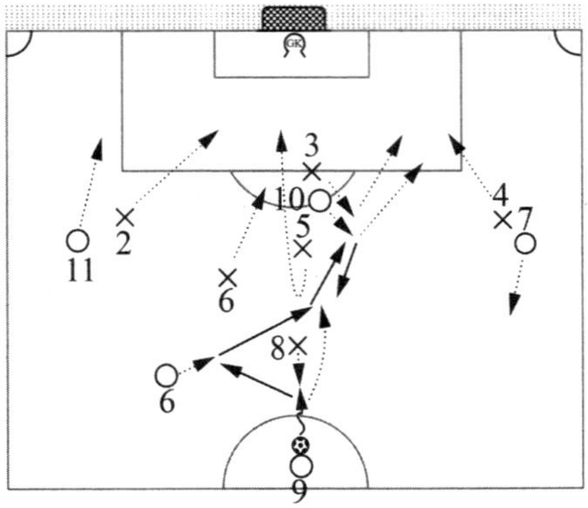

图 3-6-2

2. 注意事项

在混合防守中，通常安排体能出众、个人防守能力强的队员紧盯对方核心球员，尤其是攻防组织者，采取人盯人的方式进行防守，使其成为对方的“影子”，始终跟随其左右，限制其发挥。

第七节　定位球战术

定位球战术是一项不可忽视的战术打法，在实力相当的两队之间的比赛中，往往最终由定位球的战术运用决定胜负。定位球包括点球、角球、任意球、界外球、门球、中圈开球等，其重点为任意球、角球和界外球。

一、任意球攻守战术

（一）直接任意球进攻战术

直接任意球进攻战术应由脚法好、力量足的队员主罚。

1. 战术原则

①在前场，尽可能直接射门得分。主罚者及其他前锋应注意冲门，准备补射。

②在后场，主要通过传接配合将球推进至前场，争取以射门结束进攻。

2. 训练方法

8 号球员跑上做假射动作后，用足底将球横向传给 9 号，后者跑上立即射门（见图 3-7-1）。

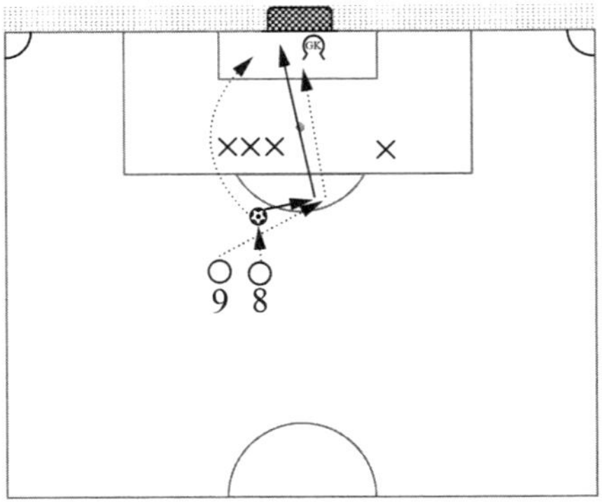

图 3-7-1

3. 训练要求

9 号射门后应立即冲门，捕捉第二次射门机会。（该配合难度不高，但成功率较高，效果显著。）

（二）间接任意球进攻战术（前场）

1. 训练方法

8 号球员跑上做假射动作，跨过球后直接跑到人墙后方；9 号将球传给参与排人墙的同伴 10 号，10 号不停球回传给 9 号射门，或传给人墙后方的 8 号射门（见图 3-7-2）。

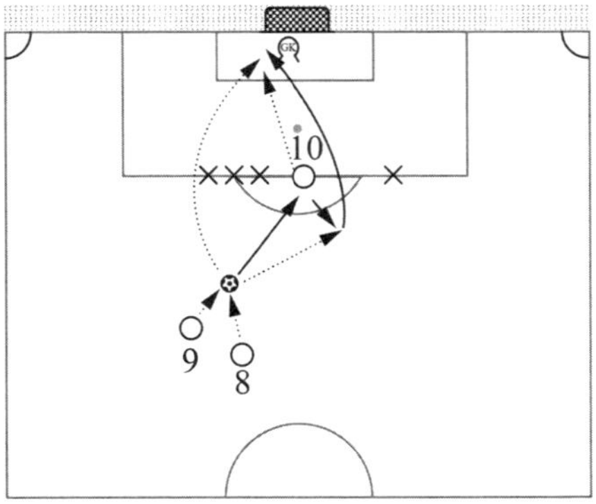

图 3-7-2

2. 训练要求

①所有参与配合的队员须动作迅速、配合默契，迷惑对手，制造出射门空当。

②8 号队员跑动路线要隐蔽自然，及时插入人墙之后，为接应做好准备。

③9 号传球时应迅速准确，避免被拦截。

④10 号传球前须观察 9 号或 8 号位置，确保回传线路畅通。

⑤射门球员必须迅速起脚，避免被对方干扰或封堵。

⑥其余进攻球员注意冲门，捕捉二次射门机会。

（三）直接任意球防守战术

1. 训练方法

①一旦本方半场被判罚直接任意球，距离球最近的守方队员应立即设法在不违反足球规则的前提下干扰对方主罚，为本方争取组织防守时间。迅速组织 2—3 人排成人墙，封锁近角，守门员应站在远点门柱旁。

②若罚球地点靠近场地中部，可排三人墙；若靠近底线且角度较小，可用二人排成人墙（见图 3-7-3）。

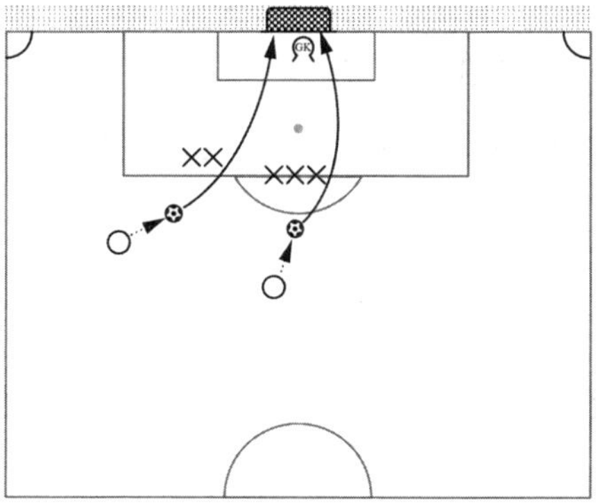

图 3-7-3

二、 角球攻守战术

角球是破门得分的重要手段，尤其在小学生足球比赛中，利用角球是得分的主要手段之一。

（一） 角球进攻战术

①最好选一名身材较高的队员，其身材高大，利用头球攻门简单且易成功。

②可布置两名队员在禁区内，距球门约 5 米处站位。当角球开出后，前者稍先跑向球门，争抢第一点；后者稍后起动，捕捉漏球机会，抢点补射。

③应安排一名队员位于中圈附近，以便在对方解围后迅速控制球权，发动二次进攻。

（二） 角球防守战术

①派一名身材较高的队员站在前门柱附近，封堵对方头球攻门路线。守门员应站在球门中间，略靠近后门柱，采取斜向站位，做到人球兼顾（兼顾对手与来球）。

②其他队员须选好防守位置，站在对手与本方守门员之间，封锁通往球门的线路。

③若守门员出击，站在球门柱旁的队员应立即回位补门。

④一旦本方队员成功解围将球踢出，守方队员应快速前压，压缩对方进攻的时间和空间。

三、 界外球攻守战术

在小学生五人制比赛中，界外球以用脚踢球的形式重新发球，发生频率较高。因此，小学生足球教练应高度重视界外球的运用，通过二至三人的战术配合，往往可取得出其不意的效果。

（一）进攻时

①中后场一拉一插。10 号队员回拉作假接应，实际由 3 号前插接 2 号开出的界外球。2 号罚完球后立即前压参与进攻，10 号则拉回中场，担任中卫，准备防守。

②中前场一传一插。2 号将界外球传给回撤接应的 10 号，10 号不停球直接传给前插的 2 号，后者下底传中，助 9 号攻门（参阅第二章“界外球进攻战术组织”图 2-9-1、图 2-9-2）。或 2 号下底后倒三角回传给 10 号射门，威胁更大。

（二）防守时

①关键在于紧盯对方接应球员。尤其在中后场防守界外球时，应尽量不让对方接球后能转身面向前方，迫使其只能横传或回传。防守时还应注意相互保护与补位。

②本方半场防守时越靠近球门越要盯紧。关键是盯紧对方队员，尽量不让其舒服地拿球，即便对手拿到球也不让其有起脚射门的机会。

第四章　足球比赛指挥

第一节　足球比赛概述

足球比赛是足球运动的重要组成部分，也是运动员成长成才的重要环节。

一、比赛的定义

在足球活动中，比赛是指两队或多队在统一规程下，通过对抗比较技术水平高低的体育竞赛活动。

二、比赛的分类

足球比赛可分为集体项目和单项项目。

（一）集体项目比赛

目前，十一人制比赛是集体项目中规格最高的一种。单场比赛双方各派 11 名队员上场，每名队员的技术水平与相互间的配合，决定了比赛中双方的胜负。

（二）单项比赛

所谓单项比赛，是指将影响足球比赛胜负的各类因素拆解为单独项目，分别进行竞赛。例如，1975 年第三届全运会足球少年组比赛，先进行身体素质与基本技术比赛。其中，基本技术单项包括头颠球、脚颠球、踢准、半场带球绕杆射门等项目。当年，江苏省少年足球队在华东大区比赛中集体项目获得第一，但在单项比赛即身体素质与基本技术测验中名列第四，总成绩列第二，未能进入全国前六名决赛。显然，单项比赛直接影响集体比赛总成绩的规则存在不合理性。因此，第三届全运会后，全国性重大足球比赛中已不再设立身体素质与基本技术单项竞赛。

三、比赛、训练与运动员成才的关系

足球界有一句行话：“比赛是训练的导师，训练是比赛的基础。”换言之，比赛是训练的核心与目标，是训练的延续和必要环节，所有训练活动都应以比赛为中心，并围绕比赛需求制订训练计划。

（一）足球运动员成才的必经之路

一个足球运动员从开始训练到成长为成熟球员，通常需经历约 16 年的科学系统训练，并参加约 640—800 场比赛，其中正规比赛约 600—690 场。若从 6 岁开始学踢足球至 22 岁，这 16 年大致可分为以下五个阶段：

1. 启蒙阶段

年龄 6—8 岁（小学一、二年级），参加比赛 80—100 场。此阶段主要通过比赛激发对足球的兴趣，同时初步掌握基本技术，如踢、接、传、带、抢、头顶等。

2. 初级阶段

年龄 8—12 岁（小学三至六年级），参加比赛 160—200 场。此阶段以五人制或八人制比赛为主。此阶段比赛的目的，主要是通过比赛掌握全面和扎实的足球基本技术和适应比赛的实战氛围，并积累比赛经验。少部分有天赋的运动员，能培养出突出的技术特点。例如，南京籍国脚武磊，从 10 岁开始就在比赛中展现出超乎一般孩子的足球意识，在比赛中处理球的方式非常合理。

3. 中级阶段（上）

年龄 12—15 岁（初中阶段），参加比赛 120—150 场。这一阶段，以十一人制比赛为主，通过比赛全面掌握足球基本技术，养成良好的团队战术素养和身体对抗能力，初步形成自身的足球技战术特点。

4. 中级阶段（下）

年龄 15—18 岁（高中阶段），参加比赛 120—150 场。这一阶段，以对抗程度较高的十一人制比赛为主，通过比赛进一步全面掌握和运用足球基本技术，形成良好的团队战术素养和身体对抗能力，积累更多的比赛经验，巩固自身的足球技战术特点。

5. 高级阶段

年龄 18—22 岁（大学阶段），参加比赛 160—200 场。这一阶段，以高强度的十一人制比赛为主，通过比赛娴熟运用足球基本技术，形成优秀的团队战术素养，具备很好的身体对抗能力，具有丰富的比赛经验，形成成熟的个人技战术风格。

要完成上述五个阶段的全过程，运动员每年需参加 40—50 场比赛，在激烈竞争中胜出，才能不断积累经验、脱颖而出，具备进入职业领域的基本条件。唯有具备良好天赋和积极态度的运动员，才能达到理想比赛模式的指标，并步入职业足球运动员的生涯。

（二）关于深度比赛

“深度比赛”通常指强度高于一般水平的比赛，例如实力相当的比赛，以弱胜强的比赛，反败为胜的比赛，高强度、强对抗、高消耗的体能比赛等。

一名已经成才的足球运动员，要想完成向一名优秀运动员的转变，必须具有各种深度比赛的经历和体验。通常，每年要完成 6—8 场深度比赛的锤炼，这也是运动员达到最高竞技水平的必要经历。运动员只有经历不同的心理压力、技术挫折、失败和成功体验，才能够积累不同的比赛经验，逐步形成足够的自信、顽强的精神、克服困难和顶住压力的勇气，以及在失败或胜利面前从容应对的信心，才能够彻底成长为一名优秀的足球运动员。

第二节　足球比赛指挥工作

比赛指挥工作是足球教练员必须掌握的重要内容之一，涵盖赛前准备、临场指挥和赛后总结，缺一不可。其重要性在于：它直接关系到比赛的胜负。一支强队若未做好比赛指挥工作，可能败北；反之，一支弱队若能在指挥上把工作做到位，亦有可能战胜实力强劲的对手。

一、赛前准备工作

赛前准备也称为预先谋划，主要包括以下几个方面：

①研究、分析即将参加的比赛的性质及重要性等。

②做好赛前的情报收集工作。情报收集工作非常重要，其重点是

了解对手并研究分析对手情况，主要收集未来比赛对手的历史和现状，尤其是近期比赛情况、打法特点、优势与弱点以及球队核心队员的个性特征、技战术特长（绝招）、身体状况、竞技能力等。

③了解比赛场地。例如，了解比赛场地是自然草皮还是人工草皮，人工草皮场地较平整，自然草皮场地不一定平整。

④掌握比赛当日的天气情况。比赛中是什么天气很重要，根据足球规则，雨天比赛通常照常进行。雨天时，球在人工草皮上落地后弹跳较低、滚动速度较快，教练员需据此调整战术。

⑤调整运动员状态。赛前应把运动员的竞技状态调整至最佳，做好体能储备，使运动员精神饱满，斗志昂扬。

二、 制订完整的比赛方案

比赛方案包括比赛指导思想、阵容安排、比赛打法、上场人员名单及比赛过程预判与应对策略等内容。

①明确比赛指导思想，即确定本场比赛的总原则、总方针和总策略。

②根据对手与自身实力，确定本场比赛的阵型与战术打法。

③确定首发阵容与替补名单，明确每名球员的职责。

三、 召开赛前准备会

①分析比赛形势。例如，若参加一项杯赛，分预赛和决赛两个阶段。预赛为五支队伍单循环赛，每队需进行四场比赛，前两名晋级。此情况下小组赛打赢三场，基本上可确保出线。再分析各参赛队情况，

对两支实力弱的队要确保取胜，并尽可能多进球少失球；对实力强的队则应加强防守，尽量少失球，力争小比分落败或逼平；而对于实力相当的对手应采用防守反击战术，保平争胜。这样，以小组第二的身份出线的可能性还是很大的。

②介绍对手情况。向队员说明对方的技战术风格、实力状况、主要特点、弱点，以及重点球员的优势与不足。

③宣布比赛阵型和战术打法。根据双方球队实力等情况确定比赛阵型。此阵型要有利于发挥每位球员的能力，激发整体积极性。通过优化战术组合，使全队个人和整体的竞技潜能得到充分发挥。还要向队员讲清楚本场比赛本队的打法，例如如何进攻、如何防守，以及定位球如何攻防等战术安排。

④确定上场人员名单。宣布首发 11 人及其位置职责，并公布替补名单，使替补人员积极做好上场准备。

制订战术打法的基本原则是“以己之长，攻彼之短”。例如，若对方边后卫实力较弱、转身缓慢，可安排速度快、灵活性强的队员担任边锋，从该侧突破；再配以头球能力出众的高中锋，加强中路包抄，力争攻门拔寨。又如，对方若有一名前锋脚下技术娴熟，个人突破能力、组织进攻能力强，教练员可安排体能充沛、拼抢凶猛、防守坚决的前卫重点盯防，遏制其发挥。以我方“石子”对其“璧玉”，实现限制关键球员、扰乱对方全局之效。

四、临场指挥的具体工作

临场指挥的关键在于审时度势、果断决策。

1. 审时度势

教练员在临场指挥过程中，要能够掌控比赛全局，必须始终贯彻“审时度势”的原则。审时度势是一名高水平教练员应具备的基本素质，也是教练员驾驭比赛最高层次的指挥艺术。赛前必须对敌我双方的各种条件进行周密分析，以制订科学合理的比赛计划。审时度势也是确立战术策略的基础，其内涵极为广泛，包括把握时局、洞察形势、明确格局、辨析环境、判断发展趋势等。

审时度势，必须树立变化发展的观念，做到因时而变、因势而移；要善于运用矛盾分析法，发现并争取有利于本方的局势；还要具备科学的思维方式和准确的判断力，能够透过现象看清本质，把握其中的规律性。

2. 果断决策

比赛场上形势千变万化，教练员必须根据场上变化果断决策。以下按不同情况加以说明：

（1）先守后攻

若赛前无法了解对手情况，比赛即为遭遇战，可在开场后安排多数队员在本方半场内防守，仅留一名前锋在前场游动，伺机突击进攻。后卫亦可根据场上形势适时助攻，一旦本方丢失球权，应立即回撤至本方半场，加强防守。通过多次试探性进攻，对对方情况有所了解后，再全面压上，利用本方优势大举进攻；若进攻失败，则全队迅速回防，按既定防守原则展开防守。

（2）先失球

如果本方先失球而处于不利局面，须迅速分析失球原因。若发现对方突破能力强，而本方后卫难以防守，则应考虑换人，加强防线，换上一名盯人紧、抢截能力强的队员。

（3）先得分

若我方先破门得分，说明预定战术奏效，应及时鼓励队员继续保持士气，并维持原有阵容和打法，按原计划推进比赛。

（4）平局

若比赛处于平局状态，需密切观察场上情况。若防守无漏洞、进攻有章法，则继续按原计划执行，原则上不更换阵容和打法。

（5）中场休息

教练员应在中场休息时对上半场比赛情况作简要总结，强调队员的优点和积极表现，对存在的问题适当指出即可，切忌过多批评或训斥。即便上半场落后，也应保持鼓励态度，因为过多批评容易打击队员士气，造成消极情绪。俗话说："气可鼓，不可泄。"总结结束后，可请领队讲话，主要目的是给运动员鼓励、加油、打气。

（6）下半场

下半场开始后，若本队领先且比赛正常，应继续沿用原有打法和计划。若下半场过半，对方加强进攻、试图扳平比分，可考虑换下一名前锋，换上一名后卫，以增强防守，保持领先优势。

反之，若下半场过半时本队仍以一球落后，则可换上一名前锋，替换下一后卫，以加强进攻。换人后，应结合具体战术进行提示，如采用全场紧逼、凶猛抢截等方式，迫使对方失误，从而创造得分机会，争取逆转比赛，实现反败为胜。

（7）换人

换人是临场指挥中非常重要的一项工作，也是衡量教练员水平高低的重要指标之一。世界著名教练、绰号"银狐"的意大利人里皮便是换人的高手。2019 年亚洲杯第二阶段淘汰赛中，中国队对阵泰国队。上半场双方战成 0∶0，下半场，里皮换上高中锋肖智。肖智埋伏在门前，利用一次任意球机会头球攻门，对方门将将球扑出后，肖智及时补射破门，帮助中国队以 1∶0 战胜泰国队，成功晋级八强。

换人的作用主要体现在以下几个方面：

①传递教练员调整战术打法、控制比赛局面的意图。

②传递调节运动员的心理状态的意图，帮助在落后情况下缓解压力、卸下包袱、放松心情、轻装上阵。

③传达教练员激发运动员兴奋性的意图，如指导运动员通过深吸气、有力呼气等方式调动状态。

④告知队员对方的弱点和不足，增强运动员的取胜信心。

五、比赛指挥工作注意事项

①注重心理调整。教练员要善于提升运动员的比赛自信心，善于用语言激励运动员的斗志，提振其拼搏精神，增强其必胜信念。教练员应在准备会和中场休息时，通过战术部署和实力分析，多讲本队的长处和对方的短处，帮助运动员消除和克服消极情绪。还可以通过意念和呼吸训练，使运动员肌肉放松、心绪平静，从而缓解紧张、烦躁等不良情绪。

②善于应变。教练员在比赛指挥中，要根据场上形势敢于并善于“应变”，尤其在比分落后时更要“应变”。应根据实际情况果断调整阵型和打法。“变”可以改变队员心态；“变”可以促成场上新局面；“变”有助于发现曙光，重燃希望。

③保持教练员良好形象。教练员在比赛指挥过程中，应展现出坚毅、自如、充满信心、从容不迫的形象，稳定军心，增强队伍士气。

④指挥语言要简明清晰。教练员在比赛指挥中应使用简洁明了的

语言，使运动员易于理解和迅速执行。

六、 比赛后的总结

打完一场比赛，还有一项非常重要的工作要做，那就是赛后总结。一名校园足球教练员，一定要重视赛后总结工作。

1. 总结经验教训

首先是教练员本人要认真总结，然后再带领运动员一起进行总结。可以要求每位运动员写一份书面总结，并在全队总结会上逐一宣读。通过总结明确本场比赛取胜的关键、存在的问题以及今后应如何改进。对于输掉的比赛，还要重视心理层面的总结，即回顾运动员在比赛中的心态和情绪变化，帮助他们调整心态、扭转情绪，避免将失败的沮丧情绪带入下一场比赛。

例如，2019年竹山小学参加“市长杯”比赛，在八进四的比赛中因实力差距以2∶4败北，赛后未认真开展总结工作，队员们心理上始终处于“失败阴影”的笼罩之下。随后的一场比赛面对一支实力稍弱的球队，仍以1∶3失利。虽然队员们仍未完全摆脱失败情绪，但已开始从中走出。在最后一场比赛中，面对实力相当的对手，开局10分钟内连失三球。然而此时，队员们的情绪已彻底扭转，心理状态恢复，在后面的比赛时间中奋力拼搏。上半场结束时将比分扳为3∶3，下半场再接再厉，最终以5∶4逆转取胜。

2. 指明训练方向

通过赛后总结，找出球队存在的问题，进而通过针对性的训练加以解决，以崭新的面貌迎接下一场比赛。

第五章 足球训练概述和身体训练

第一节 足球训练概述

一、足球训练的定义

足球训练是指在教练员的指导下，为提高球队整体竞技水平而组织实施的有计划的体育活动。刘夫力在《足球训练基本理念》一书中对“足球训练”作了较为清晰且易于理解的阐述：“足球训练是一个足球队为了取得优异的比赛成绩，而由教练员专门组织和实施的，对球队全体队员施加足球教育和各种影响因素的过程。”

足球训练的重要环节主要包括两个方面：一是制订切合运动实际情况的训练计划，通过训练提高运动员的竞技能力，助力运动员在比赛中取得良好成绩；二是在教练员的指导下，科学、系统地开展训练。

二、足球训练的重要性

足球训练的目的是提高运动员的竞技能力，并使球队在未来的比赛中取得优异成绩。因此，一个球队若要获得良好成绩，平时的基础训练和临战训练都至关重要。

三、足球训练的内容

（一）足球训练的基本原则

足球训练的基本原则，主要是指运动训练过程中所遵循的法则和标准。

1. 竞技需要与定向发展的原则

足球训练的最终目的是在未来的比赛中取得优异成绩。因此，训练课的内容、方法、手段以及训练负荷与节奏等，都应围绕这一目标进行设计与实施。

例如，中国男足在2024年9月开始的世界杯预选赛亚洲区18强赛中力求出线，自然希望每一场应胜的比赛都能取胜。为此，教练员必须制订临战训练计划，带领球队开展高效训练，争取在短时间内大幅提升全队竞技能力，并将竞技状态调整至最佳水平，以最佳的精神状态迎接比赛。

2. 系统训练与周期训练原则

系统训练原则是由足球运动本身的特点决定的。足球是一项高度复杂的团体项目，既强调个体能力，也讲求整体配合；既有群体参与，又讲求团队协作。以技术层面而言，可分为三类：基本技术、实用技术和创新技术，仅基本技术就包含十项之多。此外，还包括身体训练、心理训练和战术训练，对教练员的要求极高。不仅要在训练中教授多种技术，还要使运动员熟练掌握并能在比赛中灵活运用。面对如此庞大的训练内容，教练员必须在十多年训练周期中分阶段、分项目进行系统化安排，并确保有效实施。

周期性训练原则是基于人体竞技能力的周期性变化及比赛安排的周期特征。运动训练学告诉我们：运动员的准备状态即竞技状态，而竞技状态具有时效性，不可能长期维持在最佳水平。它通常经历形成、保持和消退三个阶段。合理的训练负荷能够提高运动员的体能、技能、战术能力、运动智能及心理素质，但这些能力的保持并不稳定。一旦训练中断，这些能力便会下降。因此，为确保球队在比赛中发挥最佳水平，教练员需合理安排训练周期，使运动员在关键比赛时达到竞技状态的高峰。

3. 适宜负荷与适时恢复原则

为提高运动员的竞技能力，训练中施加适当负荷是非常必要的。训练负荷过小，对机体刺激达不到必要的深度，不会达到期望的效果。训练负荷过大，超出机体承受极限，不仅难以提高水平，反而可能导致伤病，甚至造成运动生涯提前终结。因此，训练负荷必须科学、适度，并与运动员的年龄及训练年限相匹配。若因训练负荷过大导致机体疲劳或出现负面反应，应及时安排恢复性训练。

4. 集体训练与区别对待原则

球队训练的主要目标是提升整体配合能力。然而，运动员之间在个人技术水平上存在差异，因此，教练员在安排训练时，需兼顾共性与个别差异，既要注重全队统一训练，又要根据个体差异进行针对性指导，注意共性内容与区别对待相结合。

（二）足球训练的主要内容

1. 技术训练

①基本技术：包括观察、球感、带球、踢球、接球、抢截、掷界外球、假动作及守门员技术等。

②实用技术：包括控球技术、接带突破技术、头顶传球技术和头顶解围技术等。

③创新技术：如马赛回旋技术、克鲁伊夫转身技术、贝利的空中

接带突射技术、梅西的背身虚晃接带突破技术、容志行的虚晃接应转身突破技术，以及“四元组合技术”等。

2. 战术训练

①比赛阵型：包括 433、442、4123、4213 等多种阵型的运用。

②攻防原则：涵盖个人攻防战术、局部攻防战术和全队攻防战术等方面。

③个人攻防战术：如跑位、接应、摆脱和利用空间等。

④局部攻防战术：“二打一”简易型与复合型训练等。

⑤定位球训练：包括角球、点球、门球、中场开球和界外球等项目。

⑥意识训练：包括团队配合意识、攻防转换意识、阵型打法意识以及时间与空间利用意识等。

3. 身体训练

身体训练主要包括速度、力量、耐力、灵敏度、柔韧性和协调性等方面的训练。（详见本章第二节）

4. 心理训练

应根据不同时期学生在智力、思维、情感、注意力和自我意识等方面的发展特征，有重点地开展心理训练。

①改善心理品质的训练：包括自信心的培养、意志品质的锻炼和注意力的集中训练等。

②心理调节训练：包括比赛中应对情绪的调节、训练积极性的激发，以及个人意志品质的提升调节（如合理定位、摆正心态、超越自我、实现价值）等。在训练中应积极运用“皮格马利翁效应”，采取有效措施，最大限度地激发运动员的积极情绪。

四、 校园足球训练现状

近年来，校园足球活动在全国范围内蓬勃开展，形成良好氛围。但总体来看，活动的开展情况仍存在诸多不理想之处，尤其是在教练员队伍建设方面，整体水平参差不齐，严重制约了校园足球训练的发展。

（一） 存在的问题

①多数教练员足球理论知识匮乏，训练缺乏科学性和系统性，存在较大的盲目性。

②许多教练员未制订完整的训练计划，训练过程随意性较强，导致训练效果不佳。

③不少学校未能做到“每周一赛”，除教练员在组织比赛方面能力不足外，各级教育行政部门和足球协会在安排训练与竞赛匹配方面也存在不足。

（二） 当下校园足球训练的类型

1. 高质量型

高质量型足球训练约占 20％，特点如下：

①具备一套切合球队实际、科学系统的训练计划。

②教练员训练认真踏实，课后认真撰写训练小结。

③教练员专心投入，努力学习足球理论，每天坚持学习 1—2 小时。

2. 合格型

合格型足球训练约占 40％，特点如下：

①具备基本的训练计划，课后能撰写训练小结。

②教练员有志于成为优秀教练，致力于为国家培养高水平运动员。

③教练员有意愿提升自身理论素养，但受限于文化水平，对系统

学习足球理论的方式尚不明确。

3. 盲目型

盲目型足球训练约占40%，特点如下：

①训练过程中缺乏计划，随心所欲。

②教练员训练态度不认真，缺乏总结与反思。

③教练员缺乏学习主动性，不重视理论学习。

第二节 身体训练

身体训练是通过预先设计一定的训练方法、手段，使得运动员的身体素质得以提高的练习过程。

一、身体训练的重要性

身体训练的重要性不言而喻。它是决定足球运动技术水平高低的四大要素之一，也是构成足球竞技能力的重要基础。体能不仅是足球比赛的物质保障，更是比赛顺利进行的前提。高水平的足球竞技表现离不开良好的体能储备。

足球比赛要求运动员具有充沛的体能。所谓体能，是指通过力量、速度、耐力、协调性、灵敏性和柔韧性等多项运动素质所体现出来的人体基本运动能力。体能水平直接影响运动员的竞技能力。

足球运动成功的训练经验和世界上优秀球员的成长过程已充分证明：从少儿踏入足球门槛起，就应根据其身心发育特点，有目的、有系统地进行身体能力的培养。这样，既对其顺利掌握该阶段技战术内容有积极的促进作用，同时也为他们未来大力提高身体素质水平，进而成长为足球明星打下坚实的基础。当然，在少儿时期，身体训练必须结合赛场上身体素质的表现形式，并对应于技战术水平的发展过程，在早期全面发展身体素质的同时，应尽可能结合球的训练内容，使所获身体能力在实际比赛中产生相对应的效果。

二、 身体训练的内容及重点

足球比赛要求运动员具备充沛的体能。尽管小学生足球比赛的持续时间相对较短，比赛强度亦低于成人赛事，但同样需要运动员在整场比赛中持续奔跑、积极拼抢，因此小运动员同样必须具备充沛的体能。

小学生（7—12 岁）正处于身体快速生长发育阶段。其中，7—10 岁为灵敏素质和柔韧素质的敏感期，8—12 岁为速度素质的敏感期。因此，小学生的身体训练应在全面发展各项素质的基础上，重点提升力量、速度、灵敏性、柔韧性、协调性、平衡能力及节奏感等方面的能力。

在各项身体素质中，力量是基础素质，速度、灵敏性与协调性是关键素质。小学生的身体训练应以发展速度、灵敏性、柔韧性和协调性为主。虽然力量训练是基础，但小学生一般不宜进行较大强度的力量训练。力量可分为动力性力量与静力性力量，通常仅建议五六年级的学生适量进行一些动力性力量训练。至于灵敏性、速度、协调性与柔韧性等素质，应从低年级起就加以重视和训练，而且训练得越早越好。

三、 小学生身体训练的方法与注意事项

小学生可按年龄阶段分为两个训练组别：一年级至三年级为 S 组，四年级至六年级为 H 组。S 组身体训练应以速度、灵敏性、柔韧性和协调性为主；H 组则在此基础上，适当增加动力性力量、一般耐力和“速度耐力（速耐）”的训练。

（一）身体训练的具体安排

1. 力量素质训练

人体所进行的各种体育活动都是依赖肌肉收缩来克服阻力完成动作的。因此力量素质是人体最重要的身体素质之一。根据肌肉收缩的形式，可将力量分为静力性力量与动力性力量。这两种力量的区别在于动力性力量可使肢体产生明显的位移，而静力性力量则无明显的肢体位移。小学生适宜发展动力性力量，可通过立定跳远、蛙跳等练习进行；而不宜进行举重、深蹲等高强度训练。当然，要提高上肢力量也可以进行俯卧撑、哑铃等练习。这里要强调的是，小学生不宜采用杠铃等器械进行高强度的练习。

（1）腿部力量练习

①向上跳：先下蹲，手臂向下，然后双脚用力蹬地，双膝尽力抬至胸前。

训练量：10 次为一组；S 组做 2 组；H 组做 4 组；每组间歇 30 秒。

②蛙跳：先半蹲，双臂向后，然后双脚用力蹬地，双臂由后向前摆动，最后当双脚落地时，双臂同时向下还原。

训练量：S 组以 5 步为一组，做 2 组；H 组以 8 步为一组，做 4 组；每组间歇 30 秒。

③波比跳：先下蹲，手撑地，向后伸腿，再收回，最后向上跳。

训练量：10次为一组；S组做2组；H组做4组；每组间歇30秒。

④跳跃长凳（长凳高约30厘米，宽20厘米）：并腿跳过长凳并返回为一次。

训练量：连续跳跃5次为一组；S组2—3组；H组4—6组；每组间歇30秒。

（2）腰腹力量练习

①头脚同起落（两头翘）：仰卧，手脚伸直呈“一”字，起落时头脚同起，手摸脚尖后再还原。

训练量：连续做10次为一组；S组做2组；H组做3—5组；每组间歇30秒。

②仰卧起坐（两人一组）：乙仰卧，甲压住其双脚，乙双手抱头，尽力抬起上体。

训练量：S组以6—8次为一组，做2组；H组以8—10次为一组，做4组。

（3）上肢力量练习

①推小车（两人一组，轮流做）：甲四肢着地，乙抱住甲的小腿，靠近自己膝盖处，慢慢推着甲爬行，途中轮换。

训练量：S组以15米为一组，做2组；H组以20—25米为一组，做2组。

②跳山羊：学生排成一列纵队，间距3米，前者呈“山羊”姿，四肢着地，臀部高起，手臂和腿伸直撑地，“山羊”和纵队成90度，从末尾一人起轮流向前跳跃。先助跑至“山羊”前，双足起跳，双臂撑住“山羊”越过。跳跃过最前“山羊”后，向前跑3米趴下做成“山羊”供后人跳跃。

训练量：S组跳跃“山羊”20个；H组30—40个。

2. 耐力素质训练

耐力素质是指人体在较长时间内承受一定强度运动负荷的能力。耐力素质包括一般耐力、速度耐力和力量耐力等。在足球运动中，主要涉及一般耐力和速度耐力。一般耐力通常指有氧耐力，速度耐力则多为无氧耐力。小学生足球训练中常用的耐力训练方法如下：

（1）一般耐力训练：中长距离计时跑

训练量：S组以400米为一组，做2组，每组间歇3分钟；H组以800—1 500米为一组，每周训练1次。

（2）速度耐力训练

①2×15米折返跑

训练量：S组每周2次，每组间歇1分钟。

②阶梯式折返跑

训练量：H组以完整一套为一组，每周做1—2组，每组间歇1—2分钟。

3. 速度素质训练

速度是足球运动中最重要的身体素质之一，足球界有句行话："快是胜利之本。"速度快的选手在进攻中能捷足先登，抢先射门得分；在防守中能先于对手完成解围，化险为夷。与田径中的直线速度不同，足球运动中的速度更侧重于在不断变换方向中完成快速移动。因此，足球中的速度素质包括反应速度、起动速度、变向速度、位移速度和动作速度等。具体训练方法如下：

（1）反应速度

①设立相距10米的两条平行线，一条为起点，另一条为终点。运动员排列在起点线，间距1米。教练员手中持一个足球，教练员抛起手中足球，队员跑向终点。要求：队员看到教练员抛起足球后，保持低

重心、快频率，双脚用力蹬地，以最快速度冲刺。

②游戏“球击人”：队员围站在中圈线上，报数后单数站圈外，双数站圈内。圈外（单数）有一人手持足球，听口令后，游戏开始计时，圈外人用手中球击向圈内人，凡被球击中者即出局，到圈外休息，直至圈内最后一人被击中，记好时间。然后单双数交换位置，即单数人换至圈内，双数人站在圈外，圈外人持球击向圈内人，开始计时至最后一人出局，最后看谁在圈内时间最长，则此人反应速度最快。

③黑白追跑：两组队员站成两列横队，相距 2 米，一队为“黑”，一队为“白”，教练员左右手各持黑白球，随手中球颜色决定哪一队追赶或逃跑。

（2）起动速度

起动速度即突然位移速度。足球运动要求队员起动速度快，如门前抢点射门时，若前锋队员快对手半步，即可能抢先捅球破门得分。

①参照反应速度训练①，将平行线距离改为 5—6 米，训练方式相同。

②立定跳远与立定三级跳远。

训练量：S 组以 5 次为一组，做 2 组；H 组以 8—10 次为一组，做 2 组。

（3）突然加速

①队员排成横列，间距 2 米，听口令开始慢跑。教练员向上抛球瞬间，队员迅速向前加速跑 5—6 米。

训练量：S 组以 5 次为一组，做 2 组；H 组以 8—10 次为一组，做 3—4 组。

②队员排成横列，间距 1.5—2 米。听口令后原地曲膝跳起 3 次，随后起动冲刺跑 6 米。

训练量：S 组以 4 次为一组，做 2 组；H 组以 8 次为一组，做 6 组。

（4）变向速度

①队员横排站立，间距 2—3 米。听口令后按教练员手势的方向跑。队员按教练员手势变化随时改变方向，做前后左右方向跑。

②队员听到口令后全力向上跳起，看到教练员抛出手中球后迅速转身 180 度并冲刺跑 10 米。

训练量：S 组以 4 次为一组，做 2 组；H 组以 6 次为一组，做 2 组。

③快跑—急停—转身跑：队员横排站立，间距 1.5—2 米，教练员站在队员前面约 20 米处，听口令后，队员向教练员快跑，教练员突然抛起手中的球，队员立即转身 180 度，向起点快速冲刺。

（5）位移速度

①站立式起跑：听口令后快速冲刺跑 10 米。

训练量：S 组以 3 次为一组，做 2 组；H 组以 5 次为一组，做 2 组。

②站立式起跑：听口令后快速冲刺跑 20 米。

训练量：S 组以 3 次为一组，做 2 组；H 组以 5 次为一组，做 2 组。

③站立式起跑：听口令后快速冲刺跑 30 米。

S 组以 2 次为一组，做 2 组；H 组以 3 次为一组，做 2 组。

以上每组间歇 30 秒。

④辅助练习方法。

a. 原地快速双脚蹬地跑 10 秒。

训练量：S 组以 3 次为一组，做 2 组；H 组以 5 次为一组，做

2组。

b. 高抬腿跑20米。

训练量：S组以2次为一组，做2组；H组以4次为一组，做2组。

c. 后踢腿跑20米。

训练量：S组以2次为一组，做2组；H组以4次为一组，做2组。

以上每组间歇30秒。

（6）动作速度

动作速度是指肌肉系统在最短时间内完成技术动作的能力，例如传球、射门、带球突破等。动作速度与位移速度密切相关，受到力量大小、神经控制能力、肌肉协调性等因素的影响。

①影响动作速度的因素：

力量越大，加速度越大；加速度越大，人体运动速度越快。

肌肉活动受神经系统的控制，运动技能越熟练，神经肌肉之间的协调性越好，神经过程的灵活性越高，动作速度和位移速度也越快。因此提高肌肉协调放松能力也有助于提高动作速度。

②动作速度的训练方法如下：

a. 连续蛙跳（S组不做）。

训练量：H组以6—10步为一组，做2组，每组间歇30秒。

b. 放松大步跑30米。

训练量：S组以30米为一组，做2组；H组以30米为一组，做4组；每组间歇30秒。

c. 快速摆小腿（左右脚交替），计数10秒。

训练量：S组以4次为一组，做2组；H组以8—10次为一组，做

3组。

d. 禁区前沿带球虚晃后快速抬腿射门。

训练量：S组以5次为一组，做1组；H组以8—10次为一组，做1组。

e. 门前抢点捅射。

方法：教练员传地滚球，甲、乙跑至门前抢点射门。

要求：动作迅速，抢占射门时机。

常见错误：运动员容易先抬大腿再摆小腿，即摆开架势射门，动作拖沓，延误战机。

纠正方法：教练先讲解示范，使队员明白先提大腿再摆小腿，即“摆架势”射门会拖慢动作速度，要提高完成射门动作的速度，应直接快速摆小腿完成捅射。

训练评价：在小结时对表现好即完成抢点捅射的队员予以表扬，同时要指出他们完成射门的动作之所以速度快，在于明白“抢”的道理，即用最快动作捅射。通过小结，使懂得抢先完成射门的队员加深印象，同时使不太明白“抢”的道理的队员加深理解并转变思维方式。

4. 柔韧素质训练

柔韧素质是指人体关节活动的灵活性和肌肉的伸展能力，主要通过各种牵拉动作来发展，依赖于神经系统对肌肉的调控。柔韧素质良好的运动员更易于掌握足球技术动作，同时有助于预防训练和比赛中出现的运动损伤。

（1）压腿、压踝和压肩

压腿：坐姿，双臂上举，然后上体带动双臂尽量向前下压至大腿。

压踝：双膝跪地，足背绷直贴地，然后下坐，身体后仰，牵拉踝部。

压肩：两人一组，相对站立，将双手搭在对方肩上，配合下压身体，牵拉肩部。

（2）腰环绕

方法：双臂自然下垂，向前弯腰，带动上体和双臂围绕腰部做 360 度绕环动作，正、反方向各一次为一组。

训练量：以正反各 6 次为一组，做 2 组；每组间歇 30 秒。

（3）向上踢腿

方法：左右脚交替前踢，踢腿高度以达到头顶为准。

训练量：S 组以 8 次为一组，做 2 组；H 组以 10 次为一组，做 2 组，左右脚交替进行。

（4）展体

方法：俯卧，双手抱（或抓）住双脚，头和上体尽量上抬，使大腿和腹部尽量贴地。

训练量：S 组以 10 次为一组，做 2—3 组；H 组以 10 次为一组，做 3 组；每组间歇 20—30 秒。

5. 灵敏素质训练

灵敏素质是指运动员迅速改变身体位置、转换动作以及应对突发情况的能力，是足球运动中不可或缺的重要素质。灵敏素质主要通过翻滚、跳跃、躲闪等练习加以提高。具体训练方法如下：

（1）各种翻滚练习（可在垫上进行）

内容包括：向前翻滚、向后翻滚、翻滚后起跳、侧手翻等。

每次活动时间 7—8 分钟，间歇由教练员掌握。

（2）跳绳练习

内容包括：单足跳、双足跳和两个连跳。

每次活动时间 3—5 分钟，适时休息。

(3) 追拍游戏

在中圈或罚球区内进行。队员散布在中圈和罚球区内，其中两人担任追捕手，教练员发出口令后游戏开始。凡被追捕手触及者，必须用一只手按住被触及部位，继续游戏；若第二次又被触及，则要用另一只手按住被触及部位；第三次被触及时，则要退出中圈或发球区。最后剩 2 人时，游戏暂停，由这 2 人担任追捕手，游戏重新开始。要求队员尽力躲闪，逃避追捕手的抓捕。

每次活动时间 10 分钟。

(4) 猴子爬行比赛

队员排成一列横队，间距 1—1.5 米，四肢着地，听口令后爬行，终点距起点 20 米。S 组 2 次，H 组 3 次，比赛完成速度，间歇 40 秒。要求四肢着地爬行，自始至终膝盖不得触地。

(5) 仰天爬行比赛

方法同上，但队员应仰面爬行，保持腹部挺起，臀部不得着地。S 组以 15 米为一组，做 2 组；H 组以 20 米为一组，做 2 组；每组间歇 40 秒。

(6) 足球障碍赛跑

设置两条障碍跑道，训练内容包括：

①两队队员各站在两起点，带球绕过 6 根间距 2 米的旗杆（错误时需回原处重绕）；

②将球从长条凳下推过，队员从凳上跳过；

③到达 CD 线后将球踢入跨栏架，队员从跨栏架下钻过；

④在 AB 线月牙区内将球踢入 2 米×3 米的终点球门（若未进球需用脚带回重踢，直至命中）。

(7) 拍球转体

方法：右手拍球3次后分腿跳起，将球从胯下拍至身后并转体180度，用左手控球重复练习，左右手交替练习。

S组以2次转体为一组，做2组；H组以2次转体为一组，做4组，每组间歇40秒。

(8) 空中绕杆

方法：跳起同时绕体转动标杆，力求在落地前完成360度旋转。

S组以2次为一组，做2组；H组以2次为一组，做4组；每组间歇40秒。

6. 协调性素质训练

协调性是指在身体运动过程中，调节和综合身体各部位动作的能力，是灵敏、速度、平衡、柔韧等多种身体素质的综合体现，充分反映了中枢神经系统对肌肉活动的支配与调节功能。协调性良好的人，学习技术动作的速度更快、质量更高。常用的协调性训练方法如下：

(1) 快速摸足

方法：先右手摸左足内侧，换左手摸右足内侧；再换右手从身后摸左足内侧，接着左手从身后摸右足内侧，完成以上动作为一次。连续10次为一组。要求动作快速连续。

S组做3—4组；H组做6—8组；每组间歇40秒。

(2) 跨步转体

方法：左足向前跨一大步，同时上体带动双臂向左转；再由右足向前跨步，同时上体带动双臂向右转，左右交替进行。每次跨步要注意重心前移，后腿挺直。左右各向前跨一步算一次，连续10次为一组。

S组做4组；H组做6—8组；每组间歇30秒。

（3）单臂单足支撑

方法：先四肢伸直着地，提起左足放至右手旁，同时右手右足离地，以左手左足支撑身体保持 4 秒；还原后，提起右足放至左手旁，左手左足离地支撑身体 4 秒。左右交替一次为一次。

S 组以 5 次为一组，做 2 组；H 组以 6—8 次为一组，做 4 组；每组间歇 40 秒。

（4）波比跳

方法：先四肢落地（蹲立），两腿伸直向后撑地，再还原成蹲立，最后站起并尽力向上跳，以上动作为一次。

S 组以 10 次为一组，做 2 组；H 组以 10 次为一组，做 4 组；每组间歇 30 秒。

（5）翻滚接球

方法：手持一足球，听口令后将球高高抛起（向前、向上），随后进行快速前滚翻站起，起身后接住落下的球。

S 组进行 1—2 次，间歇 50 秒；H 组进行 3—4 次，间歇 40 秒。

（二）小学生身体训练的注意事项

1. 循序渐进

小学生身体训练应遵循循序渐进的原则，由简到繁、由易到难，逐步增加练习的幅度和难度，避免超负荷训练。

2. 重视准备活动与心理状态

训练前应充分做好准备活动，并确保小学生处于较佳的精神状态下进行训练。这样不仅有助于预防运动损伤，还能显著提升训练效果。

3. 避免负重静力性力量训练

小学生不宜进行负重的静力性力量练习。过早实施此类训练，可能对身体的全面发育产生不良影响，尤其容易抑制身高的正常增长。

4. 耐力训练需控制强度与频率

适度进行一般性耐力训练是可行的，如安排 800 米以上的中长跑训练。但需控制频率与强度，例如 800 米以上的中长跑每周不宜超过一次。实践中有教练每次训练结束阶段都安排 1 500 米跑。虽然短期内可能显著提高孩子的耐力水平，但从长期来看，孩子未来全面身体素质的发展将受到不利影响，甚至会导致成年后体能发展停滞，长期过早的成年化训练会扼杀体能提高的潜力。

第六章 心理训练

运动员比赛时的心理状态直接影响竞技能力的发挥。通过多种训练手段，对其心理过程及个性心理特征施加影响，使他们具有良好的心理素质，并能掌握自我调节心理状态的方法，是现代足球训练的重要组成部分。因此，小学生足球训练必须重视心理训练。

一、 心理训练的定义

所谓心理训练，从广义上说，就是有意识地对运动员的心理过程和个性心理特征施以影响，为运动员争取优良成绩，做好各种心理准备；从狭义上讲，是使运动员学会调节自己的心理状态的各种方法，使运动员能更好地参加运动训练和完成复杂艰巨的比赛任务。广义和狭义的心理训练都是作为一种训练手段，对运动员的心理施以良好影响的教育过程。现代的运动竞赛表明，运动员参加比赛不仅消耗很大的体力，而且消耗很大的心理能量。假如运动员对训练和比赛所需的心理过程和个性心理特征发展得不好，即使是身体、技术、战术训练比较理想，也不可能在比赛中取得满意的成绩。因此，心理训练也越来越受到人们的重视。心理训练作为一种新的训练手段，进入运动训练的领域之后，它和传统的身体训练、技术训练、战术训练一起构成了现代运动训练的完整体系。

二、 心理训练的重要性

心理活动在足球比赛中起着相当重要的作用，心理训练是足球训练中不可缺少的部分。足球比赛的胜负具有偶然性和不可预测性，使运动员不可避免地在比赛中出现紧张和焦虑。也就是说，运动员渴望在比赛中取胜，从而产生压力。通过有效的心理训练，可增强运动员的心理定力，提高比赛的自信，排除消极干扰，变压力为动力，产生比赛情绪增力，有利于自身能力的正常发挥。这样，比赛的胜利天平就会向平时注意心理训练的一方倾斜。

三、 心理训练的作用

心理训练的核心作用在于发掘运动员的内在潜力，培养其调控心理活动的能力，使其在比赛中保持最佳竞技状态，从而争取优异成绩。人的运动潜力在于体能、技术和心理因素有机结合，而心理潜力的开发必须通过系统、有效的训练将其充分运用到实践中，成为提升运动成绩的重要手段。研究资料表明，在运动训练中，心理训练约占整体训练比重的 30%。在一些重要赛事中，双方技术实力相当时，心理因素往往成为胜负的关键。小学生足球比赛也是如此。例如，2019 年南京市竹山小学足球队在“市长杯”第二阶段 16 进 8 的比赛中对阵 Q 区 M 小学，尽管对手实力更强，竹山小学队员却凭借顽强的斗志和稳定的心理状态，以 3∶0 战胜对手，成功晋级 1/4 决赛。这一案例充分体现了心理训练在关键比赛中的决定性作用。

四、 小学生心理发展的特征

（一） 智力发展

智力结构主要是由知觉力、观察力、记忆力、思维力和操作力构成的。研究表明，小学生知觉力发展较早，随后是观察力、记忆力、动作及反应速度。小学阶段，思维能力虽有发展，但仍不成熟，与其他能力相比较差。小学阶段是智力发育的重要时期，积极参与各种运动实践，特别是足球活动，对智力开发，尤其是对操作和思维能力的形成十分有益。

（二） 思维发展

小学生思维的概括性不够全面，思维过程中易直接地反映事物的表面，缺乏深入的、间接的思考，易片面地反映问题。小学生的形象思维较快，因此宜多采用直观式训练，例如“看我做”“跟我学”“这样踢”，都有助于他们建立运动表象，形成动作概念，使小学生易懂易学。在此期间，还可以帮助小学生队员学会发现比赛中的问题，解决比赛中出现的问题方法，培养他们审视比赛和善于思考的习惯，促进战术思维力的发展。

（三） 情感特征

小学生一般活泼、好奇、对未来充满期望并有很强的竞争意识。他们聪明、有悟性并富有想象力。想象力在游戏和具体思考过程中才能得到有效发展。小学生情感丰富，易触景生情，且自控力较弱，容易受外界影响而引发敏感、紧张及情绪外泄，常常无法自控或隔断外界影响。足球比赛的无形压力必然导致紧张与焦虑。加强对小学生球员的情绪自控力的训练，使他们面对压力时能调控好比赛心态非常重要。

小学生面对比赛压力产生的情绪主要反映在两个方面：

一是正面的：精神振奋、斗志昂扬、无所畏惧、勇往直前。

二是负面的：紧张焦虑、抑郁沮丧、暴躁不安、畏缩不前。

（四）注意力特征

小学生生性活泼，其注意力发展较弱，无意注意占较大比重，有意注意的稳定性、持久性较差，他们难以将注意力集中到自身的思维和表象上。突出表现为：好奇心强，易受外界因素干扰；可诱导性强，注意力转移快，集中和稳定性差等。这些对足球技能训练以及对足球比赛发挥的稳定性都会产生消极影响。

（五）自我意识

小学生对他人的评价十分敏感和在意，常会引发强烈的情绪波动，采用激励原则和正面评价，对他们给予积极鼓励，对增强其自信大有裨益。

五、小学生心理训练方法

（一）改善心理品质的训练

意志品质是足球运动员必须具备的心理品质，它与运动员的动机、认识和情感密切关联，并具有鲜明的目的性、坚毅性、自控性等特性，是足球运动员必须具有的品质特征，是球员比赛能力的要素之一，也是球队战斗力意志的体现。培养意志品质的基本方法如下：

1. 对足球情感的培养

情感是人对客观事物态度的体验。情感不仅能决定意志力的强弱，而且还影响意志活动的方向。积极的情感能转化为坚定不移的足球意志，形成坚不可摧的足球力量。小学生从低年级接触足球开始，应通过游戏、比赛等快乐足球活动，培养他们对足球运动的喜爱。再通过足球教育，使他们从喜欢到热爱，从此对足球产生兴趣。兴趣是成才的起点，兴趣是一个人力求认识、掌握某种事物，参与某项活动并且有积极情绪色彩的心理倾向。有了兴趣，就有了动力。兴趣的动力作用是说人的兴趣可以直接转化为动机，成为激发人们进行某种活动的推动力。学生对足球活动感兴趣，可以持久而集中地注意，从而保证清晰的感知、周密的思考、牢固的记忆。即使遇到困难，也会努力克服，产生愉快的情感体验。从事有兴趣的足球活动，还会使球员感到兴趣盎然、愉快、喜悦甚至具有幸福感。这样，孩子们参加足球活动，就越来越有劲，这就是兴趣对孩子们参加足球活动产生的推动力和激励作用，最终使孩子们对足球运动的执着和付出发展到视足球为生命的最高境界。

2. 通过情景障碍做好精神准备

这个方法即施压法，使小球员通过训练逐步认识到比赛的艰巨性，从而必须在精神上进行充分准备，在训练中积极应对。要把比赛的困难和障碍，想得多一点，考虑得细一点，研究得透一点，并将其设置为情景条件进行训练模拟。例如，设置以少打多、比分落后，以及裁判员故意错判漏判、场地不平或湿滑、客场氛围困难等障碍，以此来磨炼运动员克服困难、排除障碍的勇气和信心。

3. 通过实战磨炼意志

可以和较大年龄的球队比赛，对方球员身材高大、体力强盛、抢截凶狠，可以培养运动员在困境和逆境中知难而进、永不气馁的顽强意志和斗志。

4. 注意力训练

注意力在足球训练和比赛中具有重要作用，集中注意力时，犯错误少、效率高；注意力分散时或未能及时转移注意力时，往往出现错误或事故。小学生足球比赛多是五人制，运动员面对 40 分钟高强度、快节奏的比赛，要保持最佳的注意力水平，全神贯注、精力集中地关注比赛的进程，关注攻守转换，关注球在场上的发展，关注对比赛有实际意义的各个方面。丝毫的懈怠，都可能功亏一篑，出现意外的失败结局。具体的训练方法如下：

（1）有计划地严密组织训练

高质量的训练有益于注意力的养成，高质量的训练必定是事前有计划的组织安排。教练员必须经过认真思考和有计划的组织安排，使训练课内容富有情趣，具有吸引力。训练手段新颖、多样、实在、富有挑战性，训练安排要紧凑严密，具有压力感。在严密组织的训练环境中，每次训练课安排 3 个左右任务，不要太多。训练条件不断变换，练习的形式、手段、方法适时更新，这样有助于运动员注意力水平的提高，日积月累就会养成良好的注意力习惯。有些教练员喜欢拖延时间，这种超负荷的训练严重影响技战术训练质量，也不利于球员注意力品质的提高。

（2）设计练习的注意点

为加强球员训练时注意力的指向，可以根据实际需要，采用设定条件练习来引导球员的注意力，成为注意力强化的焦点。例如抢传练习时，可限定触球次数，触球次数就成为训练时的注意点；射门训练时要求先抬头观察后再射门，观察守门员位置就成为训练时的注意点；转移传球时要求几次短传，如三或四次后必须转移长传，规定三四次短传就成为训练时的注意点；等等。

（3）多球门的小型比赛

小型比赛本身就具有很多注意力元素。一是兴趣对注意力的吸引。比赛的对抗性、竞争性，把球员引入取胜的境界。二是创造激发的功能。多球门使比赛更加机动灵活、随机应变，球员必然积极开动思维，选择最佳的进攻方向，选择最具有威胁的突破口。三是比赛的压力。小场地比赛时节奏加快，攻守转换频繁，时空限制更严格，球员不能有丝毫懈怠。这些特点有助于球员注意力的提高和修炼。

（4）“黄河、长江”游戏

方法：队员排成甲、乙两列横队，间距 2 米，两横队间距 3—3.5 米。两队队员互相对准，即甲$_1$ 对乙$_1$、甲$_2$ 对乙$_2$、甲$_3$ 对乙$_3$……甲队为黄河，乙队为长江。教练员喊“黄河”或“长江”，则该队队员去追另一队的相对队员。同时，相对队员立即“逃跑”。若追上对手，只需用手拍一下其肩背，则为“胜利”；未追上则为“失败”。此游戏还有两项规定：其一，追逃距离限制在 6—8 米，超过此距离为“失效”。其二，追逃的跑动路线为直线，不可变向跑。

（二）心理调节训练

足球比赛中，“认知—情感—行为”是影响比赛水平的一个重要系统。人的行为受制于情绪。心理调节的作用，就是对情绪进行有效的调控，对心态进行积极引导，以改善运动员的心境，提高运动员的情绪稳定性，把注意力转向比赛，并产生增力情感，加快体内物质和能量的转换。心理调节的基本方法如下：

1. 比赛应对情绪的调节

运动员对比赛目标和自身实力肯定与否的认知态度会导致积极或消极情绪的体验。若运动员对自身实力持否定认知，则会在比赛前产生紧张与焦虑的情绪，从而导致场上反应迟钝，动作僵硬，技术失误。

此时，可采用表情调节、音乐调节、呼吸调节、暗示调节等方法自我激励，调节情绪和提高自信心。1985 年全国足球乙级联赛预赛辽阳赛区中，名不见经传的南京市队面对刚从甲级联赛降级、实力明显强大的 S 省队（当时全国足球比赛的最高级别为甲级联赛）。赛前，南京队队员情绪低落，焦虑与不安情绪笼罩全队。为此，教练组决定采用音乐调节法来缓解队员情绪。他们使用队员自带的“燕舞”牌大型录音机播放情绪激昂的进行曲，同时要求全体队员跟随音乐放声齐唱。经过约两个小时的音乐调节，队员的紧张与焦虑情绪明显缓解。当天下午的比赛中，南京队队员的技术水平得以正常发挥，90 分钟内与 S 省队战成平局。根据赛制，比赛进入点球决胜阶段。此时，教练组再次引导队员调整心态：“与强队打平，已完成任务。现在我们毫无思想负担，心态比对方更轻松。把罚点球当作一次锻炼的机会，结果不重要。”在这种轻装上阵的心态下，南京队以 5∶3 击败对手，将 S 省队淘汰出局。此后几场比赛，南京队继续采用音乐调节法稳定情绪，队员在赛场上发挥出应有水平，最终获得辽阳赛区第二名，成功晋级当年全国乙级联赛决赛阶段。

2. 积极调动，充分准备

在重大比赛前，应要求球员做好较高水平的心理准备和动员，通过一系列积极的心理激励措施，使其情绪处于良好状态。具体表现为：身体充满活力，意识清晰明确，注意力高度集中，动作协调自如，对身体内外环境有清晰感知，能够适时、适度、适需地调整行为，使身心处于最佳状态。

2019 年，南京市竹山小学在南京市“市长杯”足球比赛第二阶段 16 进 8 的比赛中，对阵 Q 区 M 小学。对方整体实力略强于竹山小学队。赛前，竹山小学队教练组进行了充分准备和积极动员，对小球员们进行了良好的心理引导。教练组告诉队员们，对方实力大致占 52%，本队占 48%，指出对方心理负担较重，因为其在上一年度“市长杯”中成绩优异；而竹山小学因当年尚未获得参赛资格，心理压力较轻。对方“想赢怕输”，本队则应抱持积极心态，尽力打好比赛即可。开赛后，竹山小学队的小球员们情绪饱满、积极拼抢、勇敢果断，注意力集中、动作自如。上半场即以 2∶0 领先，最终以 3∶0 战胜对手。

3. 合理定位，摆正角色

队伍间存在强弱之分，这是客观事实。然而，强弱并非一成不变，往往也受到主观意念的影响。意念不同，思维定式也不同：一种是积极的“搏”，另一种则是消极的“保”。采取保守态度者，心理压力更大，心理活动复杂且矛盾，容易耗尽本就有限的心理能量。

如前所述，在竹山小学队对阵 Q 区 M 小学队的比赛中，竹山小学队自我定位准确，首次参加“市长杯”比赛，怀着学习与提升的态度参赛，没有名次包袱。相反，对方因前一年成绩优异，心态上“想赢怕输”，背负沉重心理负担，导致脚步愈发沉重。竹山小学教练组赛前做了大量心理引导工作，引导队员摆正心态，卸下思想包袱，轻装上阵，注重比赛过程，淡化比赛名次。结果，小队员们在比赛中超水平发挥；而对手因过于看重胜负和排名，反而发挥失常，上半场即以 0∶2 落后，下半场急于扳平比分，大举进攻，导致后防出现漏洞，再失一球，最终以 0∶3 告负。

4. 超越自我，体现价值

超越自我是一种精神能动，是一种心理能量的爆发。许多比赛的失利并非因为实力逊于对手，而是先输给了自己，未战先败，就是输在心理上。超越自我，就要排除私心杂念，摆脱失败的阴影，抛开原有的思维定式，勇于挑战，勇于碰硬，在自主意识控制下，在自信的气势下，通过战胜自我来战胜对手。

仍以竹山小学为例，球队首次参加南京市“市长杯”比赛，在16进8的比赛中战胜对手，成功跻身前八名。然而，在随后的8进4比赛中遇到P区S小学队时，小队员们仍沉浸在上一场胜利的喜悦中，赛前盲目自信，误以为自身实力强于对手。但一上场，面对对方较强的实力，由于心理准备不足，队员情绪从亢奋瞬间转为消极沮丧，开场仅5分钟便被对方攻破球门。随后，队员们情绪茫然、信心丧失，最终以2∶4落败，球队名次滑落至第5至第8名之间。

在之后对阵Y区X小学队的比赛中，对手实力略逊一筹，然而竹山小学队仍未认真总结上一场失利的经验教训，尤其在心理调节方面准备不足，未能对队员心态进行有效引导。赛中队员情绪依旧不稳定，士气低落、拼劲不足，尽管率先破门，却因作风懒散、抢断不积极，最终以1∶3再次失利。

到了最后一场比赛，竹山小学队依然未能就前两场失利作出系统总结，尤其在心理调节上未能有效开展，队员们未能摆脱“8进4”负于P区S小学的心理阴影，情绪持续低迷。实际上，竹山小学队整体实力应高于对手，但上半场一开始，队员明显表现出作风懒散、士气低迷、反应迟钝、动作变形，而对手则跑动积极、作风硬朗、配合流畅。尤其是对方中锋9号在带球突破时突入竹山小学禁区，如入无人之境，上半场连进三球。中场休息时，竹山小学教练及时总结，不多谈技战术问题，主要是对运动员进行心理疏导，教练对队员们说：“这是本届‘市长杯’最后一场比赛，大家放下思想包袱。从现在开始，心理上放松，心态放端正。本队已处在第8名的位置上，上半场已失3球，大家下半场放开打，再丢几个球，也还是第8名，没有不放开打的理由。本队首次参加‘市长杯’比赛，共36支队伍，应该说已经完成任务，关键是还有下半场比赛，要珍惜参赛机会，好好锻炼。”果然，下半场队员放开手脚，心态摆正了，情绪稳定了，跑动也积极了，拼抢也凶猛了，与上半场相比，俨然换了一支球队，很快2名前锋各进2球。反超比分至4∶3。此时，对方也像换了一支球队，队员心态变得浮躁，想赢怕输的包袱背上了。这时竹山小学队再进一球，反败为胜。这场比赛充分说明，情绪是决定比赛胜负的关键因素之一，心态决定胜负。

5. 对症下药，解开心结

比赛进入关键时刻，尤其是己方领先后被对方追平时，队员往往会产生紧张、焦虑等不安情绪。此时，需要教练员采取有效措施，调整局势，引导运动员转变心态。

竹山小学队在参加2019年区级比赛中，有一场对阵Y小学，双方实力不分伯仲。上半场，竹山小学队以3∶1领先，下半场Y小学为挽回败局，扭转局势，把队内核心队员3号由中卫改打中锋。该队员技术全面，善守能攻，此举果然奏效，开场不久，连拔两寨。局势骤然扭转，主队竹山小学阵脚陷入混乱，队员心态转为不稳。主队教练立马要求暂停（规则允许暂停一分钟），一面提醒队员稳定情绪，一面果断换下受伤的主力中卫，换上一名体力充沛、意志品质顽强的6号队员，去紧盯对方3号，成为他的“影子”，并将一名具有防守意识的高前锋调回担任中卫。这招果然奏效，对方3号在竹山小学队6号的紧盯下，不是拿不到球，就是刚拿到球就被6号破坏掉，根本无法进攻突破。于是场上情况明显好转，由竹山小学队被压着打转为互有攻守。在比赛结束前三分钟，竹山小学队6号在对方禁区前截获球，突然起脚命中制胜关键球。这就说明，在关键时刻需要教练员拿出奇招，给场上队员解开心结，从而使队员改变心态，稳定情绪，最终扭转战局。

6. 利用小学生自我意识，促进技术水平提高

小学生对他人的评价十分在意，常会引发强烈的情绪波动。竹山小学队教练组在训练中常利用小学生这个特点，采用“赏识教育法”。每次训练课结束，教练组对运动员训练的表现采用激励原则，给予表扬，增强其自信心，以提高训练的自觉性和积极性。例如，2020年上半年，竹山小学刚组建三年级队，教练组在每次训练结束后，对颠球次数创下新纪录的队员进行公开表扬。这一做法极大鼓舞了小队员的训练热情，训练的自觉性明显提升，绝大多数队员都能在课外主动加练。原本平均颠球次数不足10个，经过一至两个月的训练，多数队员均有大幅提升，少数队员甚至提高了十倍，颠球次数达三位数。这就是心理学中的“心流”现象，即一个人全神贯注做一件事，会带来愉悦感，这就是促使小队员自觉加练颠球的原因。

7. 采取有效措施提高运动员的积极情绪

情绪是人对客观事物的态度体验和相应的行为反应，是生物因素和社会因素、先天因素和后天因素相互结合产生的整合性的心理组织。情绪在学习、工作及身心健康等方面具有重要作用。

在足球比赛和训练中，运动员的情绪具有非常重要的作用。心理学告诉我们，中等强度的积极情绪和情感可以为认知活动提供最佳的心理状态，有助于提高个体的认知活动的效果。通过恰当的指导语，可有效提升运动员的心理能量。这是因为指导语能及时影响运动员的生理反应，具体表现为交感神经兴奋、垂体和肾上腺皮质激素分泌增多、血糖升高、血压上升、心率加快和呼吸加速等，从而使肌肉的应激性大大提高。同时，更重要的是中枢神经发出了强而集中的神经冲动，迅速动员身体储备的力量，使运动单位大量同步激活，全面投入比赛中。在比赛开始前，上场运动员可由队长带领排队，在球场上齐声高喊：“多跑、狠抢，全力争胜!”以此来调动运动员的情绪，增加运动员的心理能量。这样可使运动员在比赛开始后拼劲更足，斗志更顽强，有利于争取胜利。采用自我暗示训练自己，对自己说些有暗示意义的话，稳定自己的情绪，例如：“对方实力并不强，我们有信心突破对手”等。

8. 皮格马利翁效应在足球训练中的运用

当前，国内外足球训练非常重视个人技术特长的培养训练，因为它是进攻时最稳定、最有效的武器，也是衡量运动员优秀与否的重要标志。例如，阿根廷球星马拉多纳个人突破技术超群，在1986年第13届世界杯1/4决赛中，阿根廷队和英国队相遇，上半场双方战成0∶0。下半场开赛不久，马拉多纳在中场得球，单枪匹马向前突进，凭借身体虚晃与娴熟的脚下功夫，连续晃过对方三名球员和门将，在即将失去重心之际倒地射门，打入空门。马拉多纳精湛的技术、勇敢果断的作风和罕见的进球给亿万球迷留下了深刻印象。在1958年第6届足球世界杯决赛中，巴西与瑞典争夺冠军，当时不满18岁的贝利连续带球突破三名瑞典后卫，随后不等球落地便凌空破门，将球送入网窝，一举成名，名震世界足坛，被誉为“球王”。我国20世纪80年代著名球星容志行也以出色的脚下功夫成为国家队中场核心。笔者曾目睹他在代表国家队迎战英国当年第四名的布朗米奇队的比赛中，以熟练的虚晃假动作，加上娴熟的脚下功夫，屡屡突破对方防守。

纵观国内外足坛的著名球星，他们都有自己的独门绝技，在球场上留下出神入化的场面，一直为世人津津乐道。任何一项技术特长的形成，从主观上讲，固然是运动员刻苦训练的结果，但从客观上分析，不能说与教练员的训练和鼓励没有关系。因此，皮格马利翁效应在运动员技术特长的形成过程中，能发挥积极作用。

皮格马利翁（Pygmalion）是古希腊神话中的一位雕塑家，他对自己雕塑的美丽少女雕像产生了爱恋之情，强烈地期望能赋予这个少女雕像以生命。后来雕像真的变成了活人，皮格马利翁如愿以偿地与之成为伉俪，皮格马利翁的期望得到了实现。后来的心理学家借用这个神话故事，用“皮格马利翁效应”来指代“期望的积极效应”。

这一效应同样适用于足球训练。笔者在指导竹山小学足球训练过程中，发现一名学生起动快、脚下动作迅速，在进攻中常用足尖搓球，使球突然快速越过对手，再利用自己转身快、起动快的特点突破对方后卫打门得分。对此，教练员在训练和比赛中专门点评并积极鼓励该学生多加练习并大胆使用这一技术动作。

教练员通过语言、表情和接触把良好的期望传递给运动员，运动员就会产生一种积极的情感体验。良好的期望在这名运动员行动上逐渐反馈出来。久而久之，通过勤学苦练，这名小球员终于在比赛中屡屡运用这项搓球过人技术突破对方防守，甚至直接产生射门得分效果。当然，教练员事先必须进行科学分析，获取运动员具有某项“技术冲刺”的信息后，即对该运动员产生相当的期望，然后对运动员在训练指导态度上和行动上表现出特殊的关怀，如亲切的关注、热情的激励、耐心的指导、共同的探讨和技术动作分析等。这样，一方面他会萌发出刻苦训练的愿望，增强掌握“搓球过人”技术特长的信心，同时又能使他在训练中认真琢磨这项技术。分析优秀运动员的特点，还能促使其自觉搜集类似这项技术的相关资料。从心理上深入研究，在这些综合因素的作用下，经过教练员和运动员的共同努力，运动员的技术水平不断提高，并在以后千百次临场比赛实践中使这项技术日臻完善，最终形成独特的技术特长。

综上所述，在小学生足球训练中灵活、巧妙地运用皮格马利翁效应，对于激发运动员潜能、形成技术特长，将起到积极的促进作用。

第七章　足球选材

青少年尤其男孩子普遍很喜欢足球运动，许多孩子从小就有将来做球星的梦想。然而，球星毕竟凤毛麟角，贝利、马拉多纳、梅西、C罗和容志行只是千军万马中涌现出的极少数人。一名足球教练员如何在球童中发现未来之星？这就要求教练员具有一双慧眼。也就是说，足球训练需要选材。通过选材把那些未来有可能成为球星的苗子挑选出来。足球人才往往需要经过10—16年的科学系统训练才能成才。为避免浪费人力、财力、精力，必须选材。

选好材，事半功倍；选不好材，不仅造成极大的浪费，还会事倍功半。

一、选材的分类

选材可分为科学选材、经验选材、心理选材。

1. 科学选材

指借助科学仪器，采用科学方法来挑选人才的方法。普通学校和一般的体校不具备这样的条件，故国内极少采用。

2. 经验选材

指教练员个人或2—5人组成的教练组，用丰富的经验，通过一些技术测试和身体素质测试等方法来遴选人才。绝大部分球队、学校、体校都采用这种方法选材。

3. 心理选材

指在选拔运动员时，除进行技术测试和身体素质测试外，还进行一些心理测试的方法。判定被测试的运动员的心理品质及心理机能是否达到一定的标准，以及其心理特征是否符合足球运动员的要求，并将其测试结果与其他因素结合起来确定是否取舍。

二、 经验选材方法

巴西足球教练员选材时普遍注重三点：一是懂得足球；二是技术好；三是身体好。巴西是世界足球强国，人才济济，苗子很多，人人懂足球、爱足球，选材余地大。中国则相差甚远，但其选材标准仍然值得我们借鉴。

（一）一般原则

1. 关于懂得足球

小学足球教练员在选拔小队员时，首先是要看小队员对足球的悟性和球感。关于球感，本书已在第二章中谈过。低年级（一、二年级）学生尚未经过系统训练，可以说是“白坯子”，在他们中挑选懂足球的孩子比较困难。我们的方法是现场教孩子们一些简单的球感练习动作，看他们对“球”的感悟和对教练员示范动作的领悟程度，特别是在教练讲解动作要领后，注意那些接受能力强、反应敏锐、动作灵快的孩子。

2. 关于技术好

如何从一、二年级的“白坯子”中挑选技术好的苗子？我们的方法是：看颠球多少。让刚开始接触足球的“白坯子”马上用足背不落地颠球，显然难度很大。我们通常让孩子们用双足背轮换颠球，为简化难度，允许球落地一次再继续颠。这样教练员即可观察到哪些孩子能根据球的落点及时调整自己的位置以及其反应的快慢程度。综合说来，就是对球反应快、脚下灵活、判断准确的孩子，未来的足球技术会比较好。

3. 关于身体好

（1）速度要快

在现代足球中，“快”是取胜之本。从俄罗斯世界杯赛中可看出，优秀选手百米跑速度大都在 11 秒之内，如法国的姆巴佩和比利时的卢卡库速度就极为惊人。所以足球选材一定要把“快”放在首位。选材时要综合考虑反应速度、起动速度、变向速度、位移速度和动作完成速度等。

（2）灵敏性要强

灵敏性强对足球运动员来说非常重要。灵敏素质是指人体在各种实战变化条件下快速、协调、敏捷、准确地完成动作的能力。足球运动要求运动员能在客观环境急速变化的条件下迅速对球的动向进行准确判断，灵活应变。球员要有敏捷的反应，具备迅速改变身体或身体某部位（主要是腿和脚）运动方向的能力。判断孩子的灵敏度时，可采用以下方法来测试：

①前滚翻—冲刺跑：前滚翻后立即向前冲刺 5 米，几人一组同时进行，观察谁反应最快、起跑最迅速。

②曲线绕杆跑：设置若干标志杆，要求运动员以规定路线绕杆奔跑，观察其转向变速能力。测试方法同①。

③爬行比赛：起点与终点距离 15—20 米，四肢着地爬行。几人一

组进行，测试协调性与动作反应速度，方法同①。

④“球击人”游戏：

方法：画一个半径约 9 米的圆圈，将 20 人分成两组，一组站在圈内，另一组站在圈外。圈外的一人手持足球，哨响后开始游戏，由持球者向圈内人员投掷足球。

规则：被球击中的圈内人员需退出圈外；圈外人员必须站在圈外投掷，不得进入圈内；圈内人员需努力躲闪，避免被击中。最终留在圈内的 1—2 人，其反应和灵敏性最强。

（3）协调性要好

足球运动因其技术复杂、难度高而要求运动员协调性好。何谓协调性？它是指运动员在运动过程中，凭借本体感觉，能够流畅、准确地完成动作的能力，也指运动员利用大脑和身体流畅高效地完成动作的能力。它是足球运动员成功完成技战术训练的基石。

法国球员姆巴佩、克罗地亚球员莫德里奇、巴西球员内马尔，以及中国球员武磊和曾效力上港队的巴西外援胡尔克，都能在极端压力下，以最快速度在地面或空中控制好球。这都要求球员自身具有良好的协调性，特别是超常的平衡能力。运动员必须能够根据动作需求调节力量分配，在跳跃、转身和被对手拦截时仍具备良好的身体感知和快速动作的控制能力。法国、德国等传统足球强国都非常重视对青少年进行协调性训练。

（4）遗传基因要好

现代足球对运动员的体格条件要求不断提高，尤其是在速度、对抗强度增加的趋势下，身高成为影响竞技表现的重要因素之一。高大的身材不仅能提升争顶优势，还可增强对抗中的稳定性，而当前的高水平运动员普遍体现出“高而不拙”的身体素质特征。

在小学生足球选材中，宜优先考虑身材较高的儿童。研究表明，人的身高约70%受遗传因素决定。因此，教练在选材时应关注孩子父母的身高情况，对于男孩，尤其关注母亲的身高——一般认为男孩的身高遗传更趋向于母亲。通过了解家庭遗传背景，可以更科学地预测儿童未来的体格发展趋势，从而提高选材的准确性与有效性。

（二）特殊方法

除了速度、灵敏性、协调性好外，对孩子的身体形态要求具有身体坚实有力、不胖不瘦、跟腱较长、踝关节较细等特点。

足球运动的特点是快速、拼抢激烈、刺激、精彩。因此要求运动员具备拼搏精神，意志品质勇猛顽强。选材时，可以把孩子分成两队比赛，把那些勇于拼抢、积极跑动的孩子挑选出来，对于那些站在场上等待来球踢一脚的孩子只能放弃。

（三）选材口诀

选材经验可归纳为四字口诀：“快、灵、硬、精”。

快：跑得快、反应快、动脑快、脚下动作快。

灵：灵活、机灵、悟性灵。

硬：作风硬朗、敢打敢拼、不怕苦、不怕累。

精：精明、悟性好、接受能力强。

上述口诀由已故大连资深教练孙连章先生生前总结提出，至今仍为青少年足球选材的重要参考。

三、心理选材方法

所谓心理选材，就是选材时除了进行技术考试和身体素质测试外，还要进行心理测试，判定被测者的心理机能是否达到一定的标准以及心理特征是否符合足球运动的要求，并将结果结合其他因素进行综合取舍。

国际运动心理学会曾指出，选拔运动员应考查其在比赛中是否沉着、稳定，比赛失败后是否能总结检验教训并鞭策自己更严格地训练。如果运动员具有这些优秀心理品质，则预示他们成功在望。

有专家指出：比赛中，智力、不怕风险、合作精神以及自我控制能力等是决定运动成绩的重要心理因素。

心理选材条件如下：

1. 意志品质顽强

一场训练课结束后，运动员已感疲劳，此时要求运动员跑 400 米，看谁能咬牙坚持跑完甚至名列前茅。

2. 心理发育正常

家庭教育好，家庭成员相处和睦，父母与孩子的关系融洽。孩子性格开朗随和，对自己的未来有目标、有理想。

四、 守门员选材方法

守门员是足球场上的一个特殊位置，其主要职责是守住大门不让对手把球踢进本队大门。此外，守门员也要能参与组织进攻和指挥比赛，由于守门员的特殊位置和特殊职责，因此，守门员的选材要求更高。

1. 身体形态

首先是对身高有要求，成年守门员身高大多在 1.90 米以上。小学生守门员不要求绝对高度，但也应是队里较高的。其次是体形匀称，手臂较长，臂展长度应不低于其身高。

2. 反应快，视野开阔

反应速度快和注意力集中是守门员的必备条件。职责要求其必须身手敏捷，反应足够快。在本方进攻时守门员不能闲着，对球的发展及动向必须时刻全神贯注，随时参与指挥，所以要求其视野开阔。

3. 勇敢顽强，斗志超群

比赛中对方攻至门前，守门员准备随时出击，敢于虎口拔牙，这就要求守门员具有不怕牺牲、排除万难的战斗精神。

4. 体能方面

守门员应当健康、坚实、快速、果断、弹跳力好；在肌肉类型上快肌纤维占明显优势；力量素质特别是腿部力量要强；脚步灵活，脚下动作敏捷。

5. 性格活泼开朗

按照巴甫洛夫对人心理特征的划分，守门员的“神经类型”应当属于兴奋型。

第八章　制订足球教学训练计划

一、目的与意义

对于训练计划的作用、目的和意义，不少文章都有提及。笔者认为，年维泗、麻雪田、杨一民编著的《足球》一书阐述得最为简明扼要。《足球》中写道："训练过程是有目的、有步骤、有组织地对运动员进行身体、技术、战术、心理和智力训练，为不断提高竞技水平所实施的一种教育过程。"在这个过程中，影响训练效益的因素很多，如运动员的遗传潜能、训练条件、生活管理等，但不能不说，训练计划是其中最重要的部分。

训练计划是对实践活动的预先理论设计，也是科学控制训练过程，以实现既定训练目的的最基本的理论文件。严谨而周密的训练计划使训练工作有条不紊，检查和总结训练工作有所依据。

制订足球训练计划是校园足球教练员一项非常重要的工作，也是校园足球教练员最容易忽视的工作。足球教学训练是一项科学性很强的工作。为了克服教学训练工作的盲目性，避免偶然性，在进行教学训练工作开始前必须制订一份严密的计划，以保证教学训练工作的正常进行，从而使教学训练工作能有步骤、有秩序地沿着计划安排通向预定的目标。其次，在长期的教学训练中，为了能科学地安排和控制训练，及时发现训练中的问题并及时调整和纠正，使训练工作少受损失，也应该有一份训练计划来指导。同时，制订计划也可以作为今后改进工作和积累经验的依据。一名教练员若想提高执教水平，必须学会制订计划、执行计划。而且，它也是教练员理论思维与客观实践相结合，逐步加深对足球训练规律的认识、积累训练经验、提高训练质量的有力工具。

刘夫力在《足球训练基本方法》一书中指出，训练计划是取得训练成功必不可少的重要环节。在训练开始前，必须有训练计划的运筹过程。这是计划对实践的指导意义及其重要性决定的。

二、 足球教学训练计划的种类

足球教学训练计划一般可分为多年（长期）的和短期的。从时间跨度上看，小学生足球训练计划大致可分为以下几种类别：

多年训练计划：3—4 年或 6 年；

年度训练计划：一年，3—4 个周期；

阶段训练计划：1—3 个月；

周训练计划：5—7 天；

教案（课时计划）：1—2 小时。

上述各类计划都应从属于总体计划（如十年成才总体计划等）。而多年训练计划的制订又从属于足球教学训练大纲的整体规定。例如，多年训练计划可由若干个年度训练计划组成，年度训练计划又包含多个阶段训练计划，而阶段训练计划下设若干个周训练计划，每个周训练计划又由多个教案（即课时计划）构成。如果从六七岁开始组队进行系统训练，便可制订一份十年训练总体计划。关于周计划和课时计划需特别指出的是：每完成一个教学训练计划后，不应忘记撰写教学训练小结。作为校园足球教练，制订和执行十年成才计划比较困难，因为小学毕业后升至中学就可能无法执行计划，但从一年级至六年级制订和执行六年计划是可行的。

三、 主要内容

教学训练计划的内容大致可分为以下几个方面：前言、目标与任务、阶段划分及重点内容、时数分配与比例安排、实施措施与要求、考核与测试方法及内容、成绩评定等。

前言应将该计划是为谁而制订，以及球队大致情况和执行本计划的重点问题写清楚，使人通过阅读前言就能了解计划的实施对象情况及计划实施中会出现的问题等。

目标与任务应突出重点，应当文字简洁，表述简明扼要，配以清晰表格，便于运动员了解和记忆。

阶段计划及重点内容是制订计划的重点。阶段划分是否恰当是关乎运动队能否取得好成绩的重要一环，根据不同计划，所划分的阶段时间长短也不同。多年训练计划的阶段可以根据多年培养任务跨年度划分。而年度训练计划阶段可根据比赛周期来逐月划分或跨月划分。

阶段划分和重点内容应使执行者使用方便，重点突出而明确，各阶段任务应有连贯性，特别是比赛期及比赛期前的准备阶段安排应考虑得细致周到些。

时数分配及比例安排应根据不同年限、不同周期及任务以及主要内容和次要内容来分别安排。重点内容和任务应分配时数多些，占比例大些。而非重点内容及任务可少分配些，时数占的比例可少些。对实施措施及要求应该明确，措施要具体，要求需严格，可分条列出。

需要特别指出的是，训练后的恢复往往被训练计划制订者忽略。而训练后能否得到良好的恢复，是关乎计划能否实现的关键。因此，在开始制订计划时，就应将训练后的恢复问题考虑在内，并安排到计划中去。

四、方法与步骤

1. 制订计划前先要了解相关情况

在制订训练计划前，首先要做好调查研究工作。例如，应了解已选拔的队员情况、训练条件与可用设施，明确球队将参加的比赛类型及主要对手等。对于多年训练计划，还应从球队的培养总任务与总体目标出发进行统筹考虑。

调查工作可通过观察队员表现，以及进行必要的身体素质和基本技术测试来完成。教练员根据所调查情况以及素质和基本技术测试，逐一进行分析诊断，最后制订一份运动员初始情况调查表。

2. 目的、任务的确定

根据校园足球竞赛的实际情况，目前小学生足球队队员的年龄一般为 6—12 岁，对应小学一年级至六年级。学校在制订多年训练计划时，可将整个小学阶段划分为两个阶段：一年级至三年级为基础训练前期，四年级至六年级为基础训练后期。

年度训练计划则可进一步细分为准备期、基本期、比赛期和休整期（或称过渡期）。对于校园足球校级队而言，小学毕业后的13—15岁（初中阶段）可称为专项提高前期阶段，而16—18岁（高中阶段）则为专项提高后期阶段。

总之，根据不同年级水平运动队及不同比赛制度，可制订一个大周期，或者两三个小周期。

各阶段划分好后，应将完成各阶段的任务所需的重点内容分别列入。重点要突出，训练时数要有保证，并且在各阶段的衔接上做到连续性强，呈现出逐步提高其各项技术能力，使整个计划能够体现出长期坚持、区别对待、全面提高，以及有规律、有连续性的特点。现代足球运动的发展已进入综合素质能力的提高阶段，我们制订的训练计划，无论是多年训练计划还是年度训练计划，都应体现出这些特点来，要从技术、战术、身体、心理、专项理论、意志品质、道德作风等方面使运动员得到锻炼和提高。

关于分配时数和比例：训练阶段划分好以后，根据各阶段所要完成的任务将所需时间分配好，这是一项非常细致的工作，应根据任务及内容来分配时数。重点任务和内容的时数应占得多些，以保证有足够的时间进行磨炼，所占比例也应大些，应特别注意在不同时期、不同阶段根据其内容与特点来分配时数及比例。

计划的最后应将完成计划所采取的必要措施详细写入，要达到的要求应该列入，并且要求全体人员认真遵守。因此在制订计划的实施措施时，必须把奖惩制度列入，这样才能使计划的完成得到保证。

五、相关表格

运动员情况调查表应尽量全面反映出队员情况，应使教练员在使用该表时，一目了然。在球队初始阶段，教练员对了解到的队员的相关内容应尽量列入表内。

六、 训练计划制订后

训练计划制订好以后怎么办？这是学校教师或教练必须认真对待的问题。

有些教师或教练员制订好训练计划后便束之高阁，这是一种严重的错误。训练计划制订完成后，应该把它张贴在墙上显眼处，让全体队员一眼就能看到，便于他们了解训练计划，做到心中有数，主动配合执行。

训练计划制订完成后，学校教师或教练员应坚决按计划执行，当然，在执行中发现问题或原计划中确有不当之处，可酌情予以修订，但为维护训练计划的严肃性，不宜大动。

对于周、月、阶段、年度和多年训练计划执行完成后，务必进行小结或总结，尤其是对月、阶段、年度和多年训练计划必须进行认真总结。必须强调，总结是学校教师或教练提高业务水平的重要途径。

第九章　如何成为一名合格的校园足球教练员

近年来，笔者看过不少校园足球教练员的训练，很多教练员都是会踢球的，而且经过教练员培训班学习取得了 D 级或 D 级以上教练资格证书，但他们就是合格的教练员吗？非也！首先，他们多数人不会制订训练计划，课后不写总结，很多人在训练场上只知道让运动员练技术和进行少量身体训练，对于战术和身体则训练得不够全面，不是别的原因，只是他们并未完整掌握系统的足球理论。怎样才能成为一名合格的校园足球教练员？笔者的看法是，必须做到以下几点：

第一，首先是要有理想、有信仰、有抱负，即想成为一名合格甚至优秀的教练员。有“想”，就有了“动力”，这就是发动机、推进器。正所谓“不想当元帅的士兵不是一名好士兵。”因此也可以说，不想当优秀教练的人就不是合格的教练员。

第二，要知道运动员和教练员的区别。运动员的主要任务是踢球，以体力劳动为主，而教练员的主要任务是训练和指挥比赛。前者是当学生，后者是当老师。哪里有学生直接去当老师的？咱们就有。运动员退役后直接去当教练的大有人在。学生一定要经过师范院校系统学习，毕业后才能当老师。现在国家在北京体育大学等院校设立足球教练员专修科，接受退役运动员去学习深造以掌握足球理论，然后再去担任教练员。可惜，现实中不少“国字号”运动员退役后在北京体育大学足球专修科学习毕业后就立即去执教国家队。他们缺乏经验，其执教成绩可想而知。如果从儿童队带起，一步步积累经验后再去带“国字号”队伍，成绩才有可能有所提升。目前世界上培养足球教练员最好的是德国科隆体育学院足球教练员专修科。上海申花队原主教练吴金贵过去曾是一名上海区级体校的运动员，后经过刻苦学习考取科隆体院教练员专修科，毕业后回国执教，一度担任国家队教练组成员，再之后成为上海申花队主教练。

第三，作为教练员至少应具有大专文化水平，而且还要继续努力学习。对于教练员来说，文化是基础，学习是关键，勤奋是翅膀。足球有一套完整的系统理论，没有一定的文化基础，难以很好地掌握。笔者一位学生张某在中超某职业俱乐部踢球，跟笔者提起准备退役后当教练。笔者对他简单测验后发现，他当时的文化水平只有小学五六年级，故劝他立即好好学习文化，争取七八年后达到大专水平，再考虑执教。笔者另一名学生，从省青年队退役后被分配到某体育中心当卡车司机，他不甘心做一辈子司机，发愤读书，进入电大，因为基础差、跟不上，第一年每晚学习到深夜，经过三年刻苦学习，终于拿到大专文凭，以后继续勤奋学习，努力工作，最后当上体育中心主任，直至退休。

第四，熟悉足球运动规律，按规律训练和比赛。足球运动技术水平的提高取决于四个方面的训练：身体、技术、战术和心理。四者之间的逻辑关系是：身体是基础，技术是灵魂，战术是手段，心理是保障。许多教练员并未搞清楚这条规律，甚至省队、“国字号”球队的某些教练亦如此。如某国家队教练和某省队主教练都把身体训练放在首位，运动员体能一流，但脚下功夫粗糙，比赛结果只能是输多胜少。

攻防是一对矛盾，安排训练千万不可偏废一方，进攻、防守都要练，不少教练进攻练得多，防守练得少，水平自然提不高。

快乐足球能提高小学生对足球的兴趣，每天训练至少安排 20—30 分钟比赛。一周一赛，即每周安排一次比赛。在欧美国家，每到周末成人和少儿都有比赛，而孩子对比赛特别感兴趣。通过比赛教练员可以发现问题，修改训练计划，以提高训练质量。

从小要抓战术意识训练。何为意识？意识即对足球运动规律的认识和理解。意识指导行动，行动反映意识。国家队主力前锋武磊，从小就特别注重意识训练。

第五，根据儿童生理、心理特点进行训练。儿童骨骼柔软，弹性较好，不能承受重压，所以要避免进行负荷量过大的负重训练。儿童活泼好动，注意力集中持续时间一般不超过 10 分钟，易疲劳。学习和掌握动作快，也易忘得快，兴奋易扩散，导致动作不准确、不协调。儿童抽象思维尚未发育成熟，形象思维发育较快，因此教练员在对儿童训练时，技术动作多示范，适当进行讲解。

心脏是供应全身血液的器官，形似桃子。心脏容积大小与体能有关。心脏容积大，体能就好，反之，体能则差。适当的体能锻炼可增加心脏容量。但过量的耐力和力量训练会影响少年儿童心脏的发育成长，不仅不能增加心脏容量，还会导致成年后体能难以提高。

综上所述，少年儿童训练要注意以下几点：

①强度不能太大，训练时间不能过长。可按照这个标准安排：幼儿园 40—50 分钟；小学生低年级一般 1.5 小时，高年级学生不超过 2 小时。

②严格要求。多次重复练习才能掌握技术动作，但儿童注意力只

有 10 分钟左右，教练员应当不断变化训练手段，保持他们训练的兴奋性。

③多示范。少儿的神经系统特点是抽象思维和逻辑思维不足，形象思维强，所以训练时要多示范、少讲解。

第六，优秀教练员要具备渊博的知识、丰富的经验（踢球和执教经验）和超强的洞察力，以及顽强的意志品质，即吃苦耐劳的精神。

第七，要多读书。多阅读解剖学、运动生理学、教育学、心理学、管理学、足球、军事相关图书，熟记“知己知彼、百战不殆”的古训。

第八，教练员必须做到以下工作：

①每日撰写训练计划，课后撰写小结，年底撰写总结，有条件的积极撰写论文。

②每周看一场中超或欧洲五大联赛，并写下观后感。

③每天阅读 1—2 小时。

第十章 中国足球路在何方？

近年来，中国男足可用“每况愈下”来形容，2022年卡塔尔世界杯亚洲区预选赛名列12强，倒数第2名，勉强排在越南队之前（曾以1∶3败于越南）。党和国家对这项运动十分重视。2017年，国务院下发了《中国足球改革发展总体方案》，有力地促进了校园足球的广泛开展。但总体看来，中国男足水平和我国经济发展水平及综合国力地位并不匹配，与世界一流水平则相差甚远。2022年，卡塔尔世界杯有很多中国元素，然而没有中国队参赛是广大中国球迷的最大遗憾，中国足球路在何方？笔者认为，可以从以下几方面加以思考。

一、日本队在卡塔尔世界杯上表现的启示

日本队首战前世界冠军德国队，在先失一球的不利情况下，以其先进的打法和高强度的对抗技巧，终以2∶1逆转战胜对手。从卡塔尔世界杯上日本队的表现看，当今日本队已可以与任何世界顶级强队抗衡。这也可以说明亚洲人并非不适合足球运动，只要综合训练得当，照样可跻身豪强之列。

卡塔尔世界杯上的日本队，有20名队员在欧洲俱乐部效力。反观国足，自武磊从西班牙回国，基本上已无人在海外俱乐部效力。这一

反差说明，我国足球的青训体制需要改进。

日本足球近30年的飞速进步源自1991年实施的十年规划。其核心是学习巴西，走“精、灵、快”的战术路线。自1997年世界杯亚洲区预选赛以3∶2击败伊朗首次出线，日本已连续七届都挺进世界杯决赛圈。相比之下，中国足球也搞过十年规划，并派出“健力宝青年队”去巴西留学，结果成绩一般，收效甚微。此后，中国足球又先后学习德国、英国、西班牙、法国、意大利等足球强国的经验，分别聘请施拉普纳、霍顿、卡马乔、佩兰、里皮等外籍教练担任国家队主教练。然而，在投入巨资之后，效果仍不理想。日本作为中国的近邻，人种相近，体格条件相仿，沟通交流便利。无论是“走出去”学习，还是“请进来”引进人才，所需投入都相对较低。若能坚持学习日本足球的发展路径，十年内定可见成效。因此，学习日本足球应是当前最切实可行的选择。

二、 向日本足球学习什么？

1. 坚定不移地抓青训

发展青训不能停留在口号上，关键要落实到实际行动中。应采取切实可行的措施，制定青少年足球运动员升学优待政策，推动校园足球活动在“普及”与“提高”两个层面更上一层楼。正如2015年教育部等六部门印发的《关于加快发展青少年校园足球的实施意见》（以下简称《意见》）所指出的：“总体上看，校园足球发展还比较缓慢，发展不平衡，存在普及面不广、竞赛体系不健全、保障能力不足等问题。”因此，应出台相关政策，为足球特长学生在小升初、中考、高考等升学过程中开辟特殊通道，特别是扭转目前小学生升入五六年级后因忙于升学而退出足球训练的现象。

小学高年级至高中阶段（约11—18岁）是人生理和心理发展的关键期，也是足球人才成长的关键期。当前，这一阶段的学生普遍学习负担过重，每天从早上到校到下午或晚上放学，基本做不到“每天活动一小时”。据统计，全国的足球特色学校，其中主要以一至四年级小学生参与足球活动为主，而五年级至高中阶段约95%以上的学生因课业压力而无暇参加足球活动。这直接导致大量具有足球天赋的青少年失去成长机会。因此，国家层面应出台法规政策，保障学生每天有至少一小时的体育锻炼时间，不如此无法保证11—18岁学生能够参与足球训练和比赛，否则期望具有足球天赋的青少年不断涌现只能是一个梦想。

2. 由教育部门牵头发展校级联赛体系

建议由教育部门主导，推动高中足球联赛全面开展，并带动初中联赛一并抓实。同时，由中国足协负责恢复青年联赛（18—20岁）以及“萌芽杯”“幼苗杯”“希望杯”等传统三大杯赛。鉴于当前多数职业俱乐部运营困难，建议中超、中甲和中乙球队取消梯队建设的硬性要求，只保留各俱乐部青年队编制。这样，通过一系列青少年比赛可以保证每年有一批年轻的优秀选手脱颖而出。

3. 注重技术和战术训练

从近几届世界杯来看，日本队在身体条件不占优势的情况下，依靠娴熟的脚下技术、流畅的整体配合与清晰的战术思路，屡屡打出以弱胜强的佳绩。日本队在卡塔尔世界杯上的表现告诉我们，技术是足球的灵魂，战术是取胜的手段。中国球员必须通过学习磨炼出娴熟、细腻的脚下功夫。个人的战术素养也亟待提高。

4. 加强足球宣传，营造校园足球氛围

依据《意见》的要求，建议中央及地方电视台定期或不定期转播国外优秀高中足球联赛，同时也应加大我国初高中联赛的转播力度，扩大赛事影响力，激发青少年参与足球的热情，在全社会营造热爱、关注、支持校园足球的良好氛围。

5. 扩大足球人口，提高足球普及率

目前，日本足球人口约为480万，而中国不足100万，差距较大。但也说明中国足球人口增长潜力巨大。只要各地教育主管部门认真贯彻《意见》所提出的“每年增加20%足球人口”的目标，扩大基础并非难事。例如，教育部可出台规定：具备五人制足球场的小学和具备八人制场地的中学必须开设足球课程与活动。相信不用太久，中国足球人口赶上甚至超过日本是完全可能的。

1981年，日本对学校体育课程进行改革，正式将足球列为重点教学内容。这项举措显著激发了青少年参与足球的热情，短短十年内，日本中小学足球队数量几乎增长了三倍。相比之下，我国自《意见》发布至今已近十年，收效却远逊于日本，其根本原因在于缺乏具体贯彻落实的配套措施，监督、检查、评价机制缺失，全国校园足球工作领导小组的统筹职能也未能充分发挥。

今后如能在宏观指导、政策执行、综合管理等方面持续改进，全国校园足球的发展必将迎来实质性进步。

三、 当前亟待解决的问题

1. 健全、完善教练员培训和聘用制度

提高中国足球水平，教练是关键。中国教练水平不高是制约中国

足球水平提高的核心因素。建立、健全、完善教练员培训和聘用制度是当务之急，尤其校园足球教练员的培训制度亟待完善。当前大量校园足球教练员只经过一两周短期培训就取得上岗证，实际的教学指导能力不能令人满意。现代足球有一套完整的系统理论，这些教练员仅短时间学了点理论“皮毛”，随即上岗执教，即使不说误人子弟，也不利于足球事业发展。他们在训练场上只能教运动员踢两脚球而已，很难培养出高水平运动员，必须持续对他们进行培训。因此，建议对现有取得 D 级以上级别的教练员每年至少要进行一次培训，尤其是理论上补课，使他们逐步具有培养高水平运动员的能力。

对职业运动员退役后担任教练员的，必须经过体育院校教练员专修科学习，成绩合格后方可执教。要纠正很多人特别是某些领导的片面认识，他们认为高水平运动员就是高水平教练员，而实践中运动员不等于教练员。对于经过体育院校教练员专业学习的退役职业运动员也要进一步完善聘用制度。应让他们先从执教低年龄球队开始，逐步积累执教经验。所谓执教经验，就是教练员在执教经历中，通过不断积累、提炼、总结出的自我“知识产权”。这些“知识产权”，书本中找不到，也无法依赖别人传授，必须由自己在执教实践中摸索、研究、探索、总结。随着年限的增加和经验的积累，逐步让其过渡到带大年龄队伍直至“国字号”球队。刚毕业的原“国字号”运动员，立即被任命为“国字号”大龄球队教练，基本上以失败告终，原因就是缺乏执教经验。

2. 提高各级教练员的文化修养

现有的各级教练员，普遍文化水平不高，相当一部分人自诩为高中或大专学历，实际上他们并没有相关学历应当具备的文化和认知。我们接触过的不少教练员，其文化水平甚至停留在小学程度，有些人对“0.25等于几分之几”这样的小学算术题都给不出正确答案。足球教练员应当掌握完整的足球理论，更需要不断地探索、研究足球运动规律，没有一定的文化修养是很难完成这些任务的，更何谈成为高水平教练员！目前，国家在北京体育大学和一些地方体院都设立了足球教练员专修班，如南京体育学院已设立足球学院，这是给退役足球运动员提高文化和理论水平的良机。为了给退役运动员提供更多的提高文化水平和足球理论水平的机会，建议体育院校设立函授或预科（一年制）专业来壮大基层各级教练员队伍，以夯实中国青少年足球训练基础，助力中国足球早日走出亚洲，走向世界。

3. 下大力气解决小学校园足球最大难题：“12岁退役制”

近年来，我国足球发展不尽如人意，竞技水平直线下降。要扭转这种情况，许多人寄希望于校园足球能进一步发展，并希望从中涌现出未来能够改变中国足球落后面貌的球星。但是，在中国现行教育体制下，小学校园足球面临“12岁退役制”的严重阻碍，使人们的期望化为泡影。

什么是“12岁退役制”呢？简单说，就是一、二年级起小学生积极参加足球活动，到五六年级即12岁左右时，因准备迎接“小升初”考试而停止足球活动，全力以赴投入文化学习，去挤“升学独木桥”。一些已展现“苗子”曙光的孩子从绿茵场消失，校园足球多年的成果止步于此。人们把这种现象称为“12岁退役制”。面对升学这座大山，如何翻越？这是我们广大校园足球教练亟待解决的难题。要解决这个难题，除了政府和体育主管部门出台政策支持外，大量工作要靠我们发挥主观能动性去解决。南京市竹山小学经过数年实践，逐步摸索出了一套有效的解决方法，即“一关心，三联系”。

“一关心”就是教练员在平时训练中，要全面关心运动员（学生）

的成长，不仅关心其运动水平的提高，还要关心他们的思想道德品质和文化学习。

“三联系”即联系家长、联系班主任、联系体育老师。要达到“一关心”的要求，就必须做到“三联系”。“联系家长”就是每学期召开两次家长会（一次在开学初，另一次在学期末）。主要内容是：汇报运动员（学生）训练情况，了解其课外学习和生活情况，宣传足球运动有益于学生综合素质提升的好处，如：锻炼身体、增强体质、开发左右脑力、促进智力发展，特别是能够培养孩子的吃苦和团队精神、提升压力下的竞争能力，等等。“联系班主任”就是每周联系一次班主任，全面了解和掌握运动员（学生）在校的学习和日常表现。“联系体育老师”就是每周联系一次体育老师，了解和掌握运动员（学生）在体育课上的学习和进步情况。

教练员通过“一关心，三联系”，可以全面了解和掌握运动员（学生）在校学习和校外日常表现，对其训练、学习和校外活动给予及时的评判和指导，充当了“全天候”的班主任、任课教师和家长的角色，有效地解决了训练与学习、校内和校外的矛盾。教练员最怕的就是有孩子“因为某个学科成绩不及格，家长暂停其足球训练”。也有不少家长看到孩子的快速成长，主动支持孩子踢足球。近几年，南京市竹山小学足球队有数十名孩子考入市级、区级重点初中就是最好的例证。

四、贵州“村超”和江苏“村界杯”给人的启迪

2023 年，中国足球领域发生了两件具有标志性意义的大事：一是贵州榕江的“村超”与江苏沛县的“村界杯”足球赛在全国引发热潮；二是中国男足在卡塔尔亚洲杯小组赛中惨遭淘汰，陷入前所未有的低

谷。当前，中国足球亟须通过改革、创新与广泛发展走出困境，而“村超”和“村界杯”的兴起，无疑为我们在黑暗中带来了一缕曙光。

“村超”与“村界杯”之所以广受关注，不仅因其强烈的群众参与性和浓厚的足球氛围，更因为它们提供了一条“自下而上”激活足球生态的可行路径。中国足球的改革发展完全可以以“村超”和“村界杯”为突破口，推动类似赛事在全国广泛开展，复制与推广贵州榕江和江苏沛县的成功经验。

建议在各地积极推动县级足协建设：每个县设立和完善足协组织，配备 2—3 名编制人员，正式挂牌办公。县级足协应联合当地教育主管部门，着力推动中小学足球活动的制度化、常态化发展，从基层构建足球发展生态系统。

众所周知，任何大事都离不开氛围这一重要条件。有了氛围，足球人才才会不断涌现。江苏省足协于 1997 年在南京举办了一次“卫岗杯”足球夏令营活动，有数千名中小学生参与，结果就涌现出武磊这样的苗子。2001 年，武磊在全国“贝贝杯”比赛上被徐根宝发现，随后被召去上海崇明基地训练，最后成长为国家队主力前锋。中国足球若每年都有一批足球苗子涌现，改变落后面貌或打入世界杯决赛圈大有希望。

参考文献

[1] 王崇喜. 球类运动：足球 [M]. 3 版. 北京：高等教育出版社，2014.
[2] 体育院、系教材编审委员会《足球》编写组. 足球 [M]. 北京：人民体育出版社，1978.
[3] 何家统，周荣根. 足球 [M]. 上海：上海教育出版社，1964.
[4] 国家体委. 足球教学训练大纲 [M]. 北京：科学普及出版社，1990.
[5] 年维泗，唐雪田，杨一民. 足球 [M]. 北京：北京体育学院出版社，1993.
[6] 王健. 运动人体科学概论 [M]. 北京：高等教育出版社，2003.
[7] 梁宁建. 基础心理学 [M]. 2 版. 北京：高等教育出版社，2011.
[8] 谢弗. 儿童心理学 [M]. 王莉，译. 北京：电子工业出版社，2014.
[9] 朱学朝，盛绍增，等. 现代体育心理学 [M]. 北京：北京体育大学出版社，1991.
[10] 中国足球协会. 中国青少年儿童足球训练大纲 [M]. 北京：人民体育出版社，2013.
[11] 徐福生. 少年儿童足球技术训练方法 [M]. 上海：上海文化出版

社，1985.
［12］曾丹，邓世俊，耿建华. 中国校园足球指导员培训教程（试行）［M］. 北京：人民体育出版社，2015.
［13］卢伟森，魏协森. 足球战术训练［M］. 北京：人民体育出版社，1981.
［14］杨汀南. 儿童少年解剖生理特点与体育运动［M］. 北京：人民体育出版社，1981.
［15］付全. 校园足球心理训练：从运动感知到人格完善［M］. 北京：北京体育大学出版社，2022.
［16］陈亚中，陈玉敏. 足球［M］. 南京：江苏凤凰科学技术出版社，2018.
［17］卢石. 儿童青少年足球训练全书［M］. 北京：人民邮电出版社，2022.
［18］刘夫力. 足球训练基本理念［M］. 北京：北京体育大学出版社，2022.
［19］刘夫力. 足球训练基本方法［M］. 北京：北京体育大学出版社，2022.
［20］陈亚中，刘晓宇，高原. 足球：运动训练专业主修［M］. 北京：北京体育大学出版社.
［21］张慧德. 少年足球训练［M］. 广州：广东科技出版社，1986.